La Vie de Mahomet

DISCOVERY PUBLISHER

Titre Original: "The Story of Mohammed"
2014, Discovery Publisher

Auteur : Edith Holland
Traduction [anglais-français] :
Adeline Brahim, Leïla Bendifallah
Édition : Adeline Brahim
Responsable d'édition : Adriano Lucca

Discovery Publisher

616 Corporate Way
Valley Cottage, New York, 10989
www.discoverypublisher.com
livres@discoverypublisher.com
facebook.com/DiscoveryPublisher
twitter.com/DiscoveryPB

New York • Tokyo • Paris • Hong Kong

TABLE DES MATIÈRES

La Vie de Mahomet

TURKISTAN
Constantinople
Brusa
Manissa
Smyrna
ASIA MINOR
Black Sea
Tiflis
Kuba
CASPIAN SEA
Erzerum
Euphrates
TURKEY
Tabriz
Astrabad
Balfrush
Aleppo
Hamah
Homs
Cyprus
MEDITERRANEAN SEA
MESOPOTAMIA
Tigris
Euphrates
Teheran
ASIA
Herat
Kabul
BALTISTAN
KASHMIR
KHORASAN
AFGHANISTAN
IRAK
Baghdad
Damascus
Bostra
Jerusalem
Alexandria
PALESTINE
SYRIAN DESERT
HAMAD
Ispahan
PERSIA
PUNJAB
Cairo
Suez
SINAI
Al-Akabah
Basra
Kerman
Kalat
INDIA
Shiraz
Al-Hijr
Tabuk
NEFUD DESERT
ARABIA
EL HASA
Persian Gulf
KUHISTAN
BALUCHISTAN
Siut
EGYPT
KASIM
Bender Abbas
SIND
Khaibar
Mt. Uhud
Al-Medinah
Shaggera
NEJD
El Hofhuf
G. of Oman
HIJAZ
RED SEA
Bad
OMAN
Mascat
YEMAMA
Ras el Hadd
R. Nile
Dhat-Irk
Mt. Arafat
Meccah
Taif
SANDY DESERT OF ROBA-EL-KHALI OR DAHNA
Bombay
Suakin
ASIR
Sadwan
Makhlaf
NEJRAN
JAUF
ARABIAN SEA
HADRAMAUT
Kuria Muria Is.
Khartum
Massowah
ERITREA
YEMEN
Sheba
Tarim
English Miles
0 100 200 300 400 500
ABYSSINIA
Mocha
Aden

Avant Propos

Quelques années après l'arrivée de Sainte Augustin sur l'île de Thanet pour prêcher l'évangile au peuple britannique, Mahomet, le Prophète d'Arabie, commença à prêcher contre l'idolâtrie sur sa terre natale, exhortant ses compatriotes à n'adorer que le vrai Dieu. En dépit de l'adversité, il réussit finalement à renverser l'idolâtrie et à établir la croyance islamique dans la plus grande partie d'Arabie. Les tribus nomades du désert, unies par une foi commune, devinrent une grande nation et s'étendirent sur de nombreux pays d'Asie et d'Afrique du Nord. Ils traversèrent même le détroit de Gibraltar et trouvèrent un royaume en Espagne. Durant plusieurs centaines d'années, les disciples de Mahomet furent les principaux initiateurs de l'art, de la science et de la littérature. Plus d'une fois, les mahométans avaient menacé de conquérir l'Europe, ce qui aurait bouleversé le cours de l'histoire ; mille années passèrent avant que cette possibilité ne soit écartée. Aujourd'hui, plusieurs millions d'habitants d'Inde, du golf Persique, d'Afghanistan, de Turquie, d'Égypte et de divers pays d'Afrique sont de confession musulmane, ou suivent les préceptes du Prophète Mahomet. Ainsi, rien de plus normal que d'en apprendre davantage sur le fondateur d'une croyance répandue à travers le monde, et des croyances professées par tant de nos semblables.

Yussouf

Un soir, dans la tente de Youssouf, un étranger arriva
Et lui dit « Voyez, un homme réprouvé, et terrifié
Que sur lui, l'épée de Damoclès ne choie,
Qui vagabonde et n'a nul lieu où sa tête reposer;
Je viens à vous pour trouver le refuge et le pain,
Vous, Youssouf, que toutes nos tribus surnomment l'homme de Bien »

« Cette tente est mienne », répondit Youssouf, « mais pas autant
Qu'elle n'est à Dieu; entrez et soyez en paix;
De tout ce qui se trouve dans ma demeure, disposez librement,
De la même façon dont nous avons été créés;
Nos tentes représentent Son glorieux toit, le jour comme la nuit,
Et personne ne s'est encore jamais vu refuser l'entrée aux portes de celles-ci. »

Ainsi Youssouf accueillit son invité cette nuit,
En le réveillant avant l'aube, il lui dit : « Prends cet argent;
Ma meilleure monture est sellée, et maintenant fuis;
Va, avant que le jour ne devienne trop harassant. »
De la même façon qu'une lampe à l'huile peut une autre en allumer,
La générosité fait naître la générosité.

Cette lueur intérieure éclaira le visage de l'étranger
Qui, suite à cette conquête personnelle, s'illumina
S'agenouillant, il posa son front sur la main de Youssouf et,
Sanglotant, il dit « Ô Cheikh, je ne peux vous quitter comme cela ;
De ma dette envers vous, je m'acquitterai,
Moi, Ibrahim, par qui votre fils a été tué ! »

« Cet argent, prend-le trois fois », dit Youssouf, « avec celui-ci
Dans le désert, jamais tu ne t'en reviendras,
Et mon unique pensée noire s'en ira loin d'ici.
Premier-né, nuit et jour, je me languis de toi,
Bonnes et justes sont les décisions du Créateur de toutes choses ;
Tu as été vengé mon premier-né, en paix maintenant repose ! »

J. R. LOWELL

L'Arabie et ses Tribus

Si vous regardez la carte de l'Asie, vous remarquerez qu'au sud-ouest se trouve la plus grande péninsule du monde : l'Arabie. D'une forme oblongue irrégulière, elle est bordée à l'ouest par la mer Rouge, au sud par l'océan Indien, à l'est par le golfe Persique et l'Euphrate, et au nord par la Syrie.

L'Arabie est un pays très chaud et sec. Dans certains endroits, il pleut très rarement, et c'est en grande partie un désert. À part dans le sud-ouest, aucune rivière ne coule durant toute une année. Au printemps, les rivières jaillissent en torrent des montagnes, mais elles se perdent rapidement dans le sable, laissant les lits des rivières à sec. Ces derniers sont appelés wadys. Les Arabes sont un peuple très ancien, possédant leurs terres depuis la nuit des temps, à une époque dont nous n'avons aucune trace. Aucun envahisseur étranger n'a jamais réussi à les conquérir entièrement.

La nation arabe est divisée en trois tribus. Autrefois, l'Arabie ne disposait pas de roi ou de souverain pour toute la péninsule, mais chaque tribu était indépendante et gouverné par un chef. Le choix du chef se faisait généralement sur des critères de bravoure, de sagesse et de capacité à diriger. Certaines tribus vivaient dans des villes et des villages et avaient un travail fixe, alors que d'autres étaient des Bédouins ou des nomades qui vivaient dans des tentes, déplaçant leurs campements d'un endroit à l'autre lorsqu'ils avaient besoin d'herbe fraîche pour leurs troupeaux. Lors de leurs déplacements, ils devaient souvent traverser des étendues de désert, et l'animal qui leur était le plus utile était le dromadaire. Aucun animal n'est plus adapté aux voyages dans le désert que le dromadaire : il est très résistant et peut survivre plusieurs jours de suite sans boire. De plus, ses grandes pattes plates sont spécialement adaptées pour marcher dans le sable fin. Le dromadaire est le bien nommé vaisseau du désert.

Avez-vous une idée de ce qu'est le désert ? Imaginez une terre où toute vie a disparu — où il n'y a pas de haies, ni d'arbres et de fleurs, ni d'oiseaux, ni d'insectes. Les collines sont arides, les vallées sont des lits asséchés de rivières oubliées ; il n'y a aucun son ni signe de vie — le néant ! Pensez à quel point l'horizon paraît lointain lorsque vous êtes sur la plage, face à la mer. Si vous étiez dans le désert, cet horizon lointain vous entourerait, avec un bleu nuageux au loin. Vous vous sentiriez perdu sur cette terre sans fin.

Dans certaines parties du désert, il y a des dunes de sable — des buttes et des monticules de sable aussi mous que des coussins, balayés par le vent et formant des stries semblables aux vagues de la mer. De temps à autre, le vent souffle violemment dans ce vaste désert, et le sable fin s'élève tel un grand pilier pour se disperser dans le ciel, occultant le soleil. Tout dromadaire en chemin se couche et plonge son museau dans le sable, le chamelier s'allonge à côté de lui, en se couvrant la bouche et le nez jusqu'à ce que la tempête de sable soit passée. Pouvez-vous imaginer que pour le peuple vivant le long des frontières d'un immense désert, le paradis est un jardin où coulent de nombreuses rivières ?

Les Arabes sont les enfants du désert, et beaucoup de leurs qualités uniques peuvent être reliées à son influence. Qui d'autre pourrait éprouver un tel amour de la liberté que les nomades arabes qui errent dans ces vastes étendues solitaires, ne connaissant aucune limite ni frontière car le désert est ouvert à tous ? La robustesse, l'endurance et l'œil vif des Arabes sont le résultat de leur vie dans le désert. Pour le voyageur des terres sableuses « voyager est une victoire », et il doit utiliser toutes ses ressources, toute sa capacité d'endurance pour braver les dangers qui surgiront sur son chemin. Ce sont peut-être ces régions impitoyables qui sont à l'origine du caractère rancunier des arabes, car ils mettent du temps à pardonner une offense, et une vendetta peut parfois durer plusieurs générations. D'un autre côté, aucun peuple au monde n'est aussi connu pour son hospitalité que les nomades du désert. Le voyageur fatigué n'a pas besoin de demander en vain de la nourriture et un abri ; son hôte arabe s'occupera de lui du mieux qu'il pourra, souvent en tuant son dernier mouton ou sa dernière chèvre pour honorer son invité. Le devoir d'hospitalité est si important pour les Arabes, qu'une fois qu'un étranger a partagé un repas avec eux, il est dès lors sous leur protection, même s'il se révélait être leur pire ennemi.

Une fois, trois hommes discutaient pour savoir qui, parmi les arabes qu'ils connaissaient, était le plus généreux. Chacun soutenait que son ami avait cette qualité en citant des exemples de leur immense générosité. La discussion s'est enflammée, et à un moment, quelqu'un a suggéré que les trois hommes aillent voir leurs amis pour demander de l'aide ; celui qui répondrait le plus généreusement à la demande serait alors considéré comme le plus généreux des Arabes. S'étant mis d'accord, le premier homme alla chercher son ami, Abdallah, qu'il trouva en train de monter sur son dromadaire sur le point de débuter son voyage. Mais lorsqu'Abdallah entendit que son ami voyageait et avait besoin d'aide il descendit immédiatement du dromadaire et lui dit de le prendre, ainsi que tout ce qu'il transportait. La seule chose qu'il demanda à garder était une épée à laquelle il tenait beaucoup, accrochée à la selle du dromadaire. Les sacoches que transportait le dromadaire se sont avérées contenir quatre mille pièces d'or et quelques vestes en soie, mais l'épée avait la plus grande valeur.

Le deuxième homme alla tester la générosité de son ami, Kais. Lorsqu'il arriva chez Kais, il dormait et son esclave n'aimait pas le réveiller, mais comprenant qu'un ami de son maître avait besoin d'aide, il lui donna tout l'argent qu'il trouva dans la maison, cela s'élevant à plusieurs milliers de pièces d'or, et lui dit d'aller voir celui qui s'occupait des dromadaires et de prendre un dromadaire et un esclave. Lorsque Kais se réveilla, il félicita son servant pour ce qu'il avait fait, et comme récompense il lui rendu sa liberté, mais il déclara que s'il avait vu son ami lui-même, il lui aurait donné plus.

Il ne restait maintenant plus qu'au troisième homme d'essayer et voir si son ami Arabah pouvait surpasser les deux autres en termes de générosité. Arabah était infirme et presque aveugle, il était en chemin pour aller prier, accroché aux bras de deux esclaves lorsqu'il rencontra son ami, qui lui demanda de l'aide. « Hélas ! Je n'ai pas d'argent », s'écria Arabah, profondément bouleversé, « mais prends ces deux esclaves, ils sont tout ce que j'ai. » Son ami refusa, mais Arabah insista, et congédiant ses deux esclaves, il continua son chemin en tâtonnant le long des murs des maisons.

Lorsque les trois hommes se réunirent pour discuter des mérites de leurs amis, tous ceux présents étaient du même avis : Arabah avait fait preuve de plus de générosité puisqu'il avait donné tout ce qu'il possédait.

Il y a trois choses dont les anciens Arabes étaient particulièrement fiers—leur éloquence, avec la maîtrise parfaite de leur magnifique langue, leur talent de cavalier, y compris le maniement d'armes, et leur sens de l'hospitalité. Sans cela, aucun Arabe n'était considéré entièrement instruit.

Les Arabes ont une grande passion pour la poésie. Dans le temps, les seules traces de leur passage étaient contenues dans les vers de leurs poètes. Cet art avait tant d'importance pour eux que lorsqu'un nouveau poète surgissait, sa tribu était publiquement félicitée. Un festival était tenu en son honneur, et les femmes dansaient et chantaient aux sons des tambourins. Seuls deux autres événements étaient considérés comme dignes de réjouissances publiques : la naissance d'un enfant et celle d'un poulain pur-sang arabe, car les arabes sont très fiers de leur race de chevaux, connue partout dans le monde.

Lors de grandes foires annuelles dans certains endroits d'Arabie, des compétitions de poésie étaient tenues. Les poètes venaient et récitaient leurs vers devant les gens, et les meilleurs d'entre eux voyaient leurs noms inscrits en lettres d'or sur de la soie, puis accrochés dans l'ancien temple de la Mecque, au vu de tous. Cela peut paraître étrange que ce peuple sauvage et sans loi voue une telle passion à la poésie ; mais la vie de liberté et de nomade du désert est plus à même d'encourager l'authentique esprit de la poésie que l'atmosphère des villes modernes. Pour protéger les troupeaux des bêtes sauvages qui infestent les frontières du désert, les Arabes passaient souvent leurs nuits sous les « étoiles qui sont la poésie du paradis », brillantes dans ces cieux clairs et d'un éclat que nous ne connaissons pas dans nos pays du nord au climat brumeux. La lumière froide de l'aurore, touchant les sommets des collines grises, leur conférant un air sombre et exténué ; le mirage chatoyant dans la chaleur du soleil du midi, le coucher de soleil rougeoyant sur les rochers avec un éclat semblable à la lueur éblouissante d'une fournaise ardente — ces paysages stimulaient l'imagination du spectateur solitaire et ses visions vers un monde mystérieux et enivrant. Le plus grand poète de tous les temps n'était-il pas un Arabe qui écrivit le *livre de Job* contenant certains des poèmes les plus raffinés jamais écrits ?

Mais le désert nous enseigne une autre leçon ; dans la solitude de cette mer de sable, l'homme prend conscience de son inévitable dépendance, et de sa foi en un Dieu miséricordieux et compatissant qui se préoccupe de ses besoins, et qui devient plus fort et plus vivant. Voyageant dans le désert et guidé par les étoiles, c'est ici qu'Abraham découvrit un Dieu tout puissant, supérieur aux vaines idoles créées par l'imagination de l'homme. Durant son long périple dans le désert, Moïse n'a jamais douté de la présence d'un Dieu puissant, un refuge en temps de détresse. Des années plus tard, le prophète d'Arabie, errant dans les collines arides de sa terre natale, a vu dans les merveilles de la nature des signes assurant la grandeur du Créateur ; ainsi lui est venu la conviction que « Dieu est un, l'Eternel », qu'il « n'y a personne comme Lui. » Dans la désolation du désert, l'homme cherche un paradis situé dans des terres inconnues au-delà des étoiles — là, il trouvera un havre de paix, une ville céleste, « des jardins sous lesquels coulent des ruisseaux ».

Le désert est une force conquérante que l'homme n'a pas le pouvoir de vaincre, et rien ne peut empêcher le désert de s'étendre là où il le veut. Le sable, fouetté par des vents violents, est inlassablement projeté sur des roches dures ; peu à peu, les contours s'effacent jusqu'à ce qu'au fil du temps, ils s'effondrent en particules de sables. Le processus de destruction n'a pas de fin. Pas à pas la désolation avance, se propageant sur tout un voile de sable, tel un manteau d'oubli.

L'Année de l'Éléphant

C'est à l'ouest de la péninsule Arabique, dans la région de Hedjaz, à environ quatre-vingt kilomètres des côtes de la mer Rouge, que se trouve la ville de La Mecque. C'est une des plus vieilles et fascinantes villes du monde. À l'époque de Jacob déjà, c'était un carrefour important pour les caravanes qui traversaient le désert de Syrie afin d'apporter les richesses du Sud. On peut lire dans les Psaumes que «Les rois d'Arabie et de Saba se doivent d'apporter des présents.» Saba était une ville située sur la côte sud-est de l'Arabie, dans la province du Yémen, elle était bien plus fertile que les autres terres du pays. Autrefois, beaucoup de villes importantes s'étaient établies le long de cette côte. C'est dans cette partie de l'Arabie que la reine de Saba vint rendre visite à Salomon.

De l'or, des pierres précieuses et beaucoup d'épices aux odeurs délicieuses furent transportés des côtes africaines, ou même de l'Inde, jusqu'au Yémen. Toute cette précieuse marchandise était transportée à dos de chameaux jusqu'aux marchés syriens et aux autres carrefours commerciaux importants, parfois même jusqu'en Egypte et sur les ports de la Méditerranée. Les marchands voyageaient en troupe ou en caravanes, par sécurité, car il fallait braver beaucoup de dangers avant d'arriver au terme de leur voyage. Une grande partie du trajet se faisait à travers le désert, où les pillards s'attaquaient souvent aux caravanes et volaient ainsi tous leurs trésors. Une caravane pouvait être grande ou petite, les plus grandes pouvaient parfois contenir plus d'un millier de chameaux.

À certains endroits du désert, on trouve des zones fertiles appelées oasis. La source d'eau émergeant à la surface permet à l'herbe et aux palmiers de pousser. Ces derniers sont très prisés et méticuleusement cultivés car leurs dattes sont précieuses. On y construit généralement un puits pour que la précieuse source ne soit pas ensablée. Une oasis peut comprendre un seul puits et quelques palmiers, ou peut être très grande et contenir des milliers de palmiers dattiers ainsi que des villages fortement peuplés. Les caravanes s'arrêtaient sur ces îles fertiles, le temps pour les voyageurs de profiter d'un repos bien mérité et de réapprovisionner les réserves d'eau, qu'ils transportaient dans des sacs en peau de chèvre. Il y a environ soixante-dix lieux de halte entre le Yémen et la Syrie, La Mecque se trouve à mi-chemin.

La ville sainte de La Mecque est située dans une longue et étroite vallée, presque entièrement encerclée de montagnes abruptes, sur lesquelles la végétation se fait rare. On n'y trouve aucun champ luxuriant et cet endroit, vénéré par les peuples arabes et musulmans, est l'une des terres les plus sinistres et arides de la planète. De nombreuses légendes sont liées à l'histoire de la ville. On raconte que, après leur errance dans le désert, Agar et Ismaël arrivèrent dans la vallée de La Mecque ; Agar, qui ne trouvait pas d'eau pour son fils, le laissa agoniser sur le sol et courut à toute vitesse entre les collines de Safâ et Marwah à la recherche d'un puits ou d'une source d'eau. Lorsqu'elle retourna auprès de son enfant, une source d'eau fraîche qui jaillissait de la terre apparut aux pieds d'Ismaël ! Cette source fut ensuite appelée Zamzam, le puits sacré encore visité aujourd'hui par les pèlerins. La ville de La Mecque fut fondée non loin de cet endroit ; Ismaël épousa plus tard la fille d'un des chefs dirigeants et il est aujourd'hui considéré comme l'ancêtre de nombreuses tribus d'Arabie.

Au milieu de la ville se trouve un temple très ancien. Sa forme est celle d'une figure à quatre côtés, simple, dont la hauteur est bien plus importante que la longueur et la largeur. Ses façades sont entièrement recouvertes de voiles généralement noirs. Ce temple, appelé la Kaaba, ou le cube, est le lieu le plus sacré au monde pour les musulmans. Bien que visuellement dépourvu d'une quelconque beauté, sa simplicité austère a fait de lui l'un des édifices les plus impressionnants à l'échelle mondiale. À l'angle sud-est du temple, près de l'unique porte, une mystérieuse Pierre noire est enchâssée. Elle fut vénérée par d'innombrables générations. Selon la légende, la pierre était initialement blanche lorsqu'elle tomba du paradis, elle prit ensuite la couleur qu'elle a aujourd'hui à cause de tous les péchés du monde. On ne sait que très peu de choses à propos de la création de la Kaaba. Les Arabes prétendent que le premier temple fut construit par les anges pour Adam au paradis, et que la Kaaba qui se trouve sur terre est la copie conforme de ce premier modèle. Elle fut détruite à maintes reprises et aurait été reconstruite par le patriarche Abraham avec l'aide de son fils Ismaël. Selon les Arabes, c'est Abraham qui leur enseigna en premier le culte du Dieu unique et institua certains rites de pèlerinage à la Maison sacrée.

Pendant un temps, les tribus arabes suivirent la religion d'Abraham mais elles s'éloignèrent progressivement de leur ancienne croyance et devinrent des adorateurs. Au moment où notre histoire commence, toute l'Arabie se livre à l'idolâtrie. Certaines tribus vénéraient les étoiles et les planètes : la belle Sirius, ou l'étoile du Grand Chien, faisait l'objet de cultes particuliers ; d'autres rendaient sacrés les pierres et les rochers ; et quelques-uns, comme les premiers Perses, étaient des adorateurs du feu. Ainsi, la Kaaba, qui était consacrée au service de Dieu, devint un sanctuaire de l'idolâtrie. Au VIème siècle, on trouvait autour et à l'intérieur de la Kaaba, 360 idoles, une pour chaque jour de l'année arabe. La forme des idoles variait, certaines représentaient un aigle, d'autres un cheval et parmi elles se tenait une grossière statue du patriarche Abraham. Une des idoles les plus vénérées était Houbal, une immense représentation d'un homme taillée dans de la pierre rouge, tenant dans sa main sept flèches sans plumes. Les anciens Arabes tiraient souvent au sort pour résoudre les problèmes importants et utilisaient pour cela les flèches sans plumes. Houbal était l'oracle qui présidait les tirages au sort.

L'entretien de la Kaaba et le devoir de nourrir les nombreux pèlerins qui se rendaient au lieu saint pour prier étaient des tâches confiées aux membres de la tribu qui avaient le plus de pouvoir et d'influence. Ces derniers réclamèrent également le droit de porter la bannière et de déclarer la guerre.

Aux Vème et VIème siècles, la tribu dirigeante de La Mecque était la tribu des Quraych. Ce nom dérive d'un mot qui signifie « commercer », car de nombreux dirigeants de la tribu étaient de très bons commerçants. Le chef de la tribu des Quraych était l'homme le plus important et influant de La Mecque. Hachim était l'un des chefs les plus célèbres, il naquit en 164 apr. J-C. L'activité commerciale lui avait apporté de grandes richesses, il fit beaucoup de choses afin d'augmenter la prospérité de sa ville natale. Il institua un service régulier de caravane entre La Mecque et les marchés les plus importants de l'Est ; chaque hiver, une caravane prenait la route pour le Yémen, et chaque été pour la Syrie. Pendant les périodes de pèlerinage, Hachim recevait les pèlerins avec une générosité princière et leur offrait du pain, de la viande, du beurre, de l'orge et des dattes. Comme l'ancien puits Zamzam était enseveli sous le sable depuis longtemps et que le site était à l'abandon, Hachim fit construire de grandes réserves dans lesquelles toute l'eau disponible était conservée. Ce système offrait à La Mecque un approvisionnement en eau suffisant.

À l'époque où Hachim était le chef de La Mecque, la ville connut une période de grande pénurie et était menacée par une famine sévère. Hachim dépensa alors une grande partie de sa richesse pour subvenir aux besoins de ses compatriotes : il voyagea en Syrie et acheta tout le blé qui pouvait être récolté, les denrées furent chargées sur le dos de nombreux chameaux et transportées jusqu'à La Mecque pour être distribuées au peuple. Les chameaux furent ensuite abattus et rôtis. Le besoin et la famine laissèrent alors place à l'abondance.

Plus tard, Hachim épousa une noble demoiselle de la ville de Yathrib et eut un fils prénommé Chayba. Chayba n'était qu'un enfant lorsqu'Hachim mourut en Syrie au cours d'une expédition commerciale. Son petit frère, Muttalib, se comporta en chef de La Mecque jusqu'à ce que Chayba fût assez grand pour succéder à son père. Le moment venu, Muttalib alla chercher le fils d'Hachim à Yathrib, où il vivait avec sa mère. Lorsque Muttalib retourna à La Mecque accompagné du jeune garçon, les gens pensèrent qu'il avait rapporté un esclave et l'appelèrent Abd al-Muttalib, ce qui signifie l'esclave ou le servant de Muttalib. Ce surnom perdura, et l'histoire ne se souvient de lui qu'en tant que Abd al-Muttalib.

Lorsqu'il eut l'âge requis, le fils d'Hachim fut installé à la place de son père ; mais un de ses oncles, dont le nom était Nawfal, contestait la légitimité de son héritage et tenta de priver l'orphelin de ses droits. Abd al-Muttalib envoya alors un message aux connaissances de sa mère à Yathrib expliquant la façon dont il avait été traité. Quatre-vingt hommes du clan de sa mère chevauchèrent alors à la hâte en direction de La Mecque, et arrivèrent avant que la Kaaba soit prête à riposter. Leur chef, brandissant son épée, menaça Nawfal d'une mort instantanée s'il ne promettait pas de respecter les droits de son neveu Abd al-Muttalib. Nawfal, intimidé par cette audace inattendue, fit le vœu solennel en présence de l'assemblée des chefs de la tribu Quraych, de reconnaître les droits du fils d'Hachim.

Malgré cette reconnaissance, Abd al-Muttalib dut lutter sans relâche pendant de longues années pour maintenir sa position, il avait de nombreux rivaux jaloux de son pouvoir. Puis un jour, un événement fit tourner le vent en sa faveur. Comme nous l'avons évoqué précédemment, le site de Zamzam, l'ancien puits de La Mecque avait été oublié depuis bien longtemps. Abd al-Muttalib, qui disposait de quelques indices concernant son emplacement, se lança à sa recherche. Aidé par son fils Hârith, il creusa patiemment pendant une longue période. Leurs efforts furent finalement récompensés car ils trouvèrent de nombreux trésors qui avaient été enterrés dans le puits plus de trois mille ans auparavant, durant la guerre tribale. Deux gazelles d'or, des sabres et des cuirasses furent découverts, et une fois le puits nettoyé, on y découvrit une abondante réserve d'eau. Certains membres de la tribu Quraych contestèrent les droits d'Abd al-Muttalib aussi bien sur le puits que sur le trésor. Les décisions furent prises grâce aux flèches de Houbal, il s'agissait de savoir si ce trésor tout juste trouvé appartenait à Abd al-Muttalib, à la tribu Quraych ou bien aux dieux de la Kaaba. Le tirage au sort attribua les gazelles d'or à la Kaaba et le reste du trésor à Abd al-Muttalib. En revanche, les flèches n'accordèrent rien à la tribu, les gazelles furent fixées sur des plateaux en or et clouées à la porte de la Kaaba. Abd al-Muttalib accrocha les sabres à l'extérieur de l'édifice pour protéger les trésors qui s'y trouvaient.

À cette période, la fortune du chef s'améliorait de jour en jour. Il s'enrichissait et, tout comme son père le fut avant lui, il devint célèbre pour sa générosité envers les pèlerins. En tant que gardien du puits Zamzam, il était aussi de son devoir de les approvisionner en eau. Abd al-Muttalib obtint ainsi du pouvoir et de l'influence. Mais malgré toute cette prospérité, une chose troublait sérieusement sa paix intérieure. Pour les gens de l'Est, il était très important d'avoir beaucoup de fils pour leur succéder et faire perdurer l'honneur de la famille. Pendant cette période où il lutta pour se faire respecter et vit sa chance tourner, Abd al-Muttalib n'eut qu'un seul fils pour l'aider. À l'époque il fit alors un vœu irréfléchi et jura devant les dieux de la Kaaba que si il avait dix fils, il en offrirait un en sacrifice en signe de sa gratitude. Les années passèrent et plusieurs fils et filles naquirent, jusqu'au jour où le nombre fatidique fut atteint. Il était père de dix fils, et le cadet, qui se prénommait Abdallah, était son préféré. Pendant longtemps, Abd al-Muttalib repoussa l'exécution de sa promesse qu'il regrettait amèrement, mais un serment prêté devant les dieux ne pouvait être pris à la légère. Vint alors le jour où, rempli de tristesse, le père emmena ses dix enfants à la Kaaba ; chacun de leur nom était inscrit sur une flèche afin que le sort décide lequel d'entre eux serait sacrifié.

Dans la famille d'Abd al-Muttalib, les lamentations furent immenses lorsque les flèches se prononcèrent et condamnèrent à mort Abdallah, le cadet et le préféré de tous. Ses sœurs l'agrippèrent, pleurant à chaudes larmes et suppliant qu'on l'épargne. Le père, malheureux et dévasté par le chagrin, promit de sacrifier dix chameaux à la place de son fils si les flèches divinatoires décidaient d'épargner Abdallah. Les flèches devaient donc décider entre dix chameaux ou la vie d'Abdallah, mais une fois encore, l'enfant fut condamné. Abd al-Muttalib doubla alors le nombre de chameaux — vingt chameaux contre la vie de son fils ! Mais le destin semblait déterminé à ne pas épargner l'enfant. Encore et encore, le sort décrétait qu'Abdallah devait mourir, et à chaque fois, Abd al-Muttalib promettait dix chameaux de plus, jusqu'à ce qu'il atteigne un total de mille chameaux ! Le père, inquiet, patientait dans cette attente insoutenable que le sort soit tiré — mille chameaux contre la vie d'Abdallah !

Le destin finit par céder et changea d'avis, cette fois la flèche de la mort indiqua le lot de chameaux. Une fois abattue, toute la viande fut distribuée aux pauvres, car la famille d'Abd al-Muttalib refusa de toucher à la rançon d'Abdallah. Libéré de son cruel et funeste destin, le jeune garçon retourna auprès de sa famille ; plus tard, il devint le père du Prophète Mahomet.

Lorsqu'il eut vingt-quatre ans, Abdallah fut marié à Amina, une jeune fille appartenant à une branche lointaine de sa propre tribu, les Quraych. L'année précédant leur mariage fut très importante pour l'histoire de La Mecque. Une grande armée avançait vers la ville depuis le sud, dirigée par Abraha, vice-roi de l'Abyssinie, dont le roi gouvernait alors le Yémen. Abraha était à la tête de sa troupe sur un immense éléphant, ce spectacle impressionna tellement le peuple arabe que l'année 570 apr. J-C, durant laquelle ces événements se déroulèrent, est depuis connue sous le nom de l'année de l'éléphant. L'armée d'envahisseurs fut frappée par une maladie mortelle et se replia.

Mais un autre événement d'une grande importance se produisit pendant l'année de l'éléphant ; en effet, cette année-là naquit Mahomet, fils d'Abdallah, destiné à devenir le prophète des Arabes.

La Jeunesse de Mahomet

Le mariage d'Abdallah et Amina fut riche en réjouissances, mais le bonheur des jeunes mariés fut bref. Un an à peine s'était écoulé lorsqu'Abdallah mourut lors d'un voyage à Yathrib, laissant la garde de leur fils à sa femme endeuillée.

Dès le début, Abd al-Muttalib porta beaucoup d'intérêt à son petit-fils. Lorsqu'il eut vent de sa naissance, il se rendit chez Amina, prit l'enfant dans ses bras et l'emmena à la Kaaba pour remercier Dieu. L'enfant se nommait Mahomet, ce qui signifie « le béni » ou « l'illustre ».

À la Mecque, il était coutume de confier les jeunes enfants aux femmes bédouines. Ils quittaient ainsi la ville chaude et poussiéreuse pour rejoindre l'air pur du désert. Le petit Mahomet fut pris en charge par une femme prénommée Halima, de la tribu des Bani Sa'ad, et passa ses cinq premières années dans les tentes de cette tribu nomade. Tout au long de sa vie, Mahomet garda un tendre et affectueux souvenir de sa nourrice bédouine et de sa sœur de lait, Al-Chaïma. Lorsqu'il eut cinq ans, Halima le ramena à la Mecque et raconta à sa mère de belles anecdotes à propos de l'intelligence précoce du jeune garçon.

Amina était très fière de son fils et impatiente de le présenter au reste de la famille. Lorsqu'il eut à peu près six ans, elle l'emmena à Yatrhib, la ville où Abdallah était mort et où la famille de sa mère habitait. C'était un long voyage pour un enfant si jeune, la distance étant égale à celle entre Londres et Édimbourg, mais les Arabes et leur instinct nomade n'accordent que peu d'importance aux distances. Sur les dos de deux chameaux, Amina, son fils et une esclave prénommée Umm Ayman voyagèrent en toute sécurité. Ils passèrent un mois à Yathrib. Mahomet repense toujours avec plaisir à ces moments en compagnie de ses cousins. Il s'amusait avec diverses sortes de jeux pour enfants — des années après, il se souvenait encore de la façon dont il effrayait les pigeons depuis le toit de la maison, en criant de joie lorsqu'il les voyait s'enfuir en battant des ailes. Il apprit également à nager dans un étang.

Mais cette période heureuse fut suivie d'un bien triste événement. Amina n'arriva jamais jusqu'à chez elle ; sur le chemin du retour vers Le Mecque elle tomba malade et mourut, elle fut enterrée entre les deux villes. L'orphelin et l'esclave Umm Ayman poursuivirent leur voyage dans le chagrin. Lorsqu'ils rejoignirent la Mecque, ils allèrent chez Abd al-Muttalib pour lui annoncer la mauvaise nouvelle. Dès lors, Mahomet vécu avec son grand père qu'il aimait énormément.

Souvent, le jeune garçon s'enfuyait de chez sa nourrice pour se réfugier chez le vieil homme qui ne le blâmait jamais de ses dérangements, il éprouvait en effet une tendre affection pour l'orphelin de son fils préféré. Il ne fut donc pas surprenant de voir le petit Mahomet pleurer deux ans plus tard, tandis qu'il suivait le cortège qui menait le Patriarche à sa tombe dans travers les rues de La Mecque. Alors qu'il était sur son lit de mort, Abd al-Muttalib confia la charge de son petit-fils à Abu Talib, un de ses fils aînés, qui devint très vite autant dévoué au jeune garçon que son grand-père l'était. D'ailleurs, tout au long de sa vie, Mahomet eut le pouvoir de susciter l'affection de son entourage.

Très tôt, le fils d'Abdallah dû travailler pour gagner sa vie, la seule fortune dont il hérita de son père était constituée d'un troupeau de chèvres, de cinq chameaux, et de l'esclave Umm Ayman ; et son oncle, qui n'était pas riche, devait subvenir aux besoins d'une grande famille avec très peu. Dans sa jeunesse, Mahomet travaillait souvent comme berger. D'une nature réfléchie, il était fort probable qu'il apprécie la vie de solitaire. À l'âge de douze ans, il eut pour la première fois la possibilité de découvrir un monde différent de celui dans lequel il avait été élevé. Abu Talib, un marchand dynamique, était sur le point d'entreprendre une expédition à Bosra en Syrie lorsque son neveu le pria d'accepter sa compagnie. Abu Talib, qui aimait énormément le jeune garçon, accepta. C'est ainsi que Mahomet entama avec une immense joie son premier voyage en caravane.

La perspective d'admirer de nouveaux et étranges spectacles devait être aussi excitante pour Mahomet que pour n'importe quel garçon de notre époque. Cela dit, les modes de transport étaient bien différents ! Pour la plupart d'entre nous, un voyage signifie passer quelques heures dans un wagon bien confortable, ou un agréable moment à bord d'un paquebot luxueux. Pour un garçon de La Mecque cela signifie une marche longue et ennuyeuse. Jour après jour, assis sur le dos d'un chameau, il voyageait lentement à travers un paysage monotone. Parfois, la caravane passait par un village aux maisons en boue séchée, où les chiens de garde aboyaient pour avertir les habitants de leur approche ; parfois, la route longeait les abords du grand désert et quelques paysages brisaient alors la monotonie de celui-ci — une gazelle apeurée traversant la piste à toute allure ou bien un aigle s'envolant dans le ciel d'un bleu intense.

Grâce à son imagination débordante, Mahomet trouvait diverses façons d'occuper ses pensées pendant son long voyage jusqu'à Bosra. D'ailleurs, les sentiments ressentis à cette période le poursuivirent toute sa vie. Autour du feu de camp, on racontait beaucoup d'histoires étranges. Lorsque la caravane s'arrêtait dans des lieux sauvages et isolés, on les disait hantés par des esprits appelés *génies* ou *djinns*. Parfois, la route traversait des cités anciennes aux splendeurs perdues qui avaient vu depuis bien longtemps leurs ruines s'ensevelir sous le sable. Mais de tout ce qu'il vit ou entendit, rien n'impressionna plus le jeune esprit de Mahomet que les histoires de la vallée d'Al-Hijr. Il y avait bien longtemps, cette terre était habitée par la tribu Thamoud, un peuple de géants très puissants. Les Thamūd étaient un peuple riche et prospère jusqu'à ce que, remplis d'orgueil, ils tombèrent dans le péché. Persistant dans leur méchanceté, ils refusèrent d'écouter le prophète envoyé pour les mettre en garde et, par cet acte de désobéissance directe, ils s'attirèrent le jugement de Dieu. On entendit de gros coups de tonnerre, la vengeance du paradis était proche et lorsque le jour se leva, tous étaient morts et gisaient face contre terre. C'est ainsi que la tribu des Thamūd disparut de la surface de la terre, et le sol qu'ils occupaient fut maudit à jamais. Cette histoire impressionna et marqua Mahomet. Lorsque la caravane longea la vallée désolée, on lui montra les demeures en pierre qui avaient creusées dans le flanc de la montagne par les géants de la tribu Thamūd. Lorsque, des années plus tard, Mahomet voyagea en Syrie en empruntant la même route, il interdit à ses disciples de camper à côté de l'endroit où le juge-

MAHOMET ET SA NOURRICE, HALIMA

ment de Dieu s'était abattu sur les Thamūd et d'utiliser l'eau des puits ou des alentours. En effet, rares étaient ceux qui pouvaient entrer dans le vallon d'Al-Hijr sans ressentir de crainte. Les voyageurs se pressaient le long des chemins exposés le plus rapidement possible pour échapper à cette terre réputée maléfique.

Puis enfin, Mahomet arriva au terme de son voyage et installa un campement à Bosra, près d'un monastère chrétien. Il fallut quelques semaines pour que la marchandise de La Mecque et du Sud soit échangée contre les produits de Syrie, de Perse ou d'Égypte. Bosra était le point de rencontre pour de nombreux marchands venant de contrées lointaines. Une fois les chameaux chargés et les provisions pour le voyage préparées, la caravane repartit vers le sud et rejoignit de nouveau La Mecque dans les temps.

Treize ans plus tard, lorsque Mahomet eut vingt-cinq ans, il prit de nouveau la route vers Bosra. Cette fois, c'était lui le chef de la caravane ayant pour mission de vendre et d'acheter la marchandise. La propriétaire de la caravane était une riche veuve de La Mecque prénommée Khadija. Alors qu'elle cherchait quelqu'un pour gérer ses affaires et guider sa caravane, elle eut de bons retours sur le sérieux et le sens de l'équité du jeune Mahomet, qu'elle engagea alors comme intendant.

Mahomet revint de la Syrie avec un tel rapport qualité-prix pour les produits qu'il avait échangés que Khadija lui paya le double de ce qu'elle lui avait promis. Elle avait toutes les raisons d'être satisfaite de son intendant, dont l'honnêteté et la droiture étaient tellement connues que ses concitoyens l'avaient surnommé Al-Amin, ce qui signifie le loyal.

En réalité, ce jeune homme honnête, ouvert et simple avait fait grande impression sur Khadija. On disait également que Mahomet était un homme séduisant. Il avait les traits délicats voire fins des Arabes. De ses yeux très sombres et perçants, il fixait intensément les personnes à qui il s'adressait. Ses cheveux et sa barbe étaient d'un noir de jais. D'une nature généralement silencieuse, Mahomet savait aussi être spirituel et drôle lorsqu'il parlait avec ses amis, et il savait rire. Ses mouvements étaient décidés, on disait que ses pas étaient ceux d'un homme qui descend rapidement une colline.

Khadija semblait avoir très vite compris la nature vraie et généreuse de Mahomet. Avec le temps, elle éprouvait de plus en plus d'affection envers son intendant. Un jour, alors qu'elle attendait le retour de la caravane, Khadija et ses filles étaient assises sur le toit de la maison et, dans la fraîcheur du soir, elle espérait apercevoir le début de la longue file de chameaux serpentant la vallée rocheuse. Lorsque la caravane apparut au loin, les yeux de Khadija ne se posèrent que sur un seul cavalier, elle reconnut Mahomet qui se hâtait à l'avant afin d'annoncer leur retour et le succès de l'expédition. Après leur entrevue, le jeune homme occupait constamment ses pensées et comme elle ne pouvait se résoudre à l'oublier, elle décida de lui dire ce qu'elle ressentait pour lui.

Khadija était une dame riche appartenant à la tribu des Quraych, et beaucoup de grands chefs de La Mecque avaient voulu l'épouser mais elle avait rejeté leurs offres. Son choix s'était tourné vers le jeune fils d'Abdallah. Même si elle était bien plus âgée que lui, ils se marièrent et vécurent heureux pendant de nombreuses années. Ils eurent six enfants, deux fils qui moururent très jeunes et quatre filles, prénommées Zaïneb, Raukiyya, Oum Kalthoum et Fatima. Fatima, la préférée de son père et la seule à vivre plus longtemps que lui, est celle dont nous parlerons le plus.

Les premières années de mariage de Mahomet furent calmes et sans histoires. La reconstruction de la Kaaba entreprise environ dix ans après son mariage fut l'événement le plus important de l'époque. Une violente tempête inonda la vallée de Le Mecque, causant de graves dégâts dans l'ancien temple. Les murs étaient devenus dangereux et, après discussion, il fut décidé de les abattre pour les reconstruire. Pour mener ces travaux à bien, des blocs de granite furent transportés depuis les collines environnantes. En revanche, le bois, nécessaire à la construction du toit et de l'intérieur était très rare sur cette terre aride. C'est pourquoi les constructeurs de la Kaaba furent très chanceux de trouver un navire grec complètement détruit sur la côte de la mer Rouge, non loin de La Mecque. Tout le bois de l'épave fut acheté par les Quraych et le capitaine du navire, qui avait quelques connaissances en architecture, fut engagé pour aider à reconstruire la Kaaba. Lorsque les murs du temple atteignirent le mètre et demi, une décision importante dut être prise. La sacrée et mystérieuse Pierre noire devait être remise à sa place, mais beaucoup de familles de la tribu Quraych désiraient avoir l'honneur de le faire. Un violent débat éclata et la construction de l'édifice fut arrêtée pendant plusieurs jours. Qui allait donc résoudre ce problème délicat ? Comme la dispute continuait, un citoyen proposa d'octroyer au premier homme à entrer dans la cour de la Kaaba par le pont, le pouvoir de désigner celui qui aura l'honneur de remettre la Pierre à sa place. Une fois la proposition acceptée, tous les yeux étaient rivés vers le pont en question. Bientôt, un homme approcha. « Voilà Al-Amin » s'écrièrent les habitants en voyant Mahomet passer sur le pont : « Laissons le choisir entre nous tous ! »

Sollicité pour résoudre le conflit, Mahomet enleva sa cape qu'il étendit sur le sol et y plaça la Pierre noire. Il désigna ensuite quatre hommes (un de chaque clan principal de la tribu Quraych) pour soulever ensemble la cape et la précieuse pierre. Lorsque la Pierre noire fut élevée à la bonne hauteur, Mahomet lui-même la remit à sa place, à l'angle sud-est du temple.

Après cet incident, la construction de la Kaaba continua sans interruption. Quand tout fut terminé, les représentations divines furent remises à leur place ; Houbal, le plus estimé, fut placé au centre de la Kaaba. Les Quraych étaient loin de prévoir qu'un jour, les dieux de leurs ancêtres seraient méprisés et les idoles jugées inutiles ! Al-Amin, ce citoyen calme et réservé, ne montrait pas encore les signes de la grande destinée qui l'attendait.

Mahomet le Prophète

Pendant de nombreuses années après son mariage, Mahomet mena une vie calme et paisible aux côtés de Khadija, sa femme dévouée. Il était devenu un homme riche et un citoyen respecté dans sa ville natale. Toujours d'une nature réfléchie, il devint de plus en plus enclin à la solitude et au repli. Au fil du temps, il se mit à réfléchir à l'idolâtrie de ses concitoyens, cherchant une religion plus pure. Il n'était pas le seul à se rendre compte du péché que représentait l'idolâtrie, d'autres hommes sérieux pratiquaient la religion d'Abraham, c'est-à-dire qu'ils ne vénéraient qu'un seul Dieu qu'ils appelaient Dieu le Tout-Puissant (Allah ta' alah). Pendant les mois du Ramadan qui étaient, même à cette période très ancienne, les mois réservés au jeûne et à la pratique religieuse, ces hommes saints se retiraient dans des lieux solitaires afin de prier et méditer.

Surplombant une vallée sableuse, non loin de La Mecque, s'élève une grande montagne à la forme conique. Autrefois elle était appelée le mont Hira mais son nom fut ensuite changé en Djébel el-Nour, la montagne de la lumière, car c'est là que Mahomet vit pour la première fois la lumière qui devait guider son peuple vers le chemin de la vérité. Depuis cette montagne, la vue est sauvage et désolée — des sommets de pierres grises et noires, aux formes étranges et fantastiques, s'élèvent les uns au-dessus des autres, d'une grandeur solennelle, et aucune pointe de vert ne vient colorer ce tableau aride.

Les montagnes de l'Arabie, tout comme celles d'Afrique du Nord, n'ont pas de contours doux comme la plupart des collines européennes, elles sont profondément ridées et froissées comme si elles portaient les marques de leur vieil âge.

En haut du flanc escarpé du mont Hira, se trouve une grotte dans laquelle Mahomet venait souvent se retirer pour méditer, parfois, sa femme Kadija l'accompagnait dans sa retraite silencieuse. Mahomet traversait une période de doute et de confusion, il désirait accéder à la vérité et sentait bien qu'elle ne se trouvait pas dans le culte des idoles. Mais pour le moment, il n'avait pas de piste précise. Nous devons nous rappeler que Mahomet n'avait jamais eu l'occasion d'apprendre tout ce que la religion nous a enseigné ; il avait bien rencontré de temps à autres quelques chrétiens, mais à l'époque, le christianisme qui s'était instauré en Arabie avait perdu beaucoup de sa pureté. Néanmoins, lorsqu'il comprit que « Dieu est unique et Eternel » et que « nul ne l'égale », Mahomet avait bien avancé sur le chemin qui menait à la vérité. L'unité de Dieu est le principe fondamental de la croyance musulmane. Mahomet prit peu à peu conscience qu'il avait été choisi pour prêcher cette doctrine à l'humanité. C'est donc ainsi que tout commença.

C'était la période du Ramadan et Mahomet s'était isolé dans la grotte du mont Hira afin de se consacrer à la prière et au jeûne. Particulièrement agité par ses pensées, il entra en transe et eut une vision. Au loin, il vit la silhouette de l'archange Gabriel—il s'approcha jusqu'à se trouver en face de Mahomet. Il tenait un parchemin qu'il lui ordonna de lire : « Mais je ne peux pas lire » répondit Mahomet, tremblant devant la vision divine. L'ange cria « Lis ! » à trois reprises puis récita finalement les mots inscrits sur le parchemin qui proclamaient la grandeur de Dieu, le créateur de l'humanité.

Mahomet était très perturbé par cette vision ou ce rêve. Il ne savait pas s'il avait eu une révélation divine ou bien s'il avait été dupé par le pouvoir de quelques mauvais esprits. Des jours entiers, il se questionna, seul parmi les rochers du mont Hira, il essayait de clarifier les doutes qui l'accablaient. Son esprit était tellement troublé qu'il était parfois tenté de se jeter du haut d'une des falaises abruptes vers l'abîme. Mais une main invisible semblait le retenir, cette incertitude insoutenable le tortura trois ans durant.

Puis finalement, Mahomet eut une autre vision : Gabriel lui apparut une seconde fois, il entendit une voix crier « Lève-toi, prêche et glorifie ton Seigneur ! ». À partir de cet instant, tous ses doutes et ses problèmes le quittèrent, Mahomet était certain d'avoir été choisi pour être le prophète de son peuple. Ce qu'il avait vraiment vu, ou cru avoir vu, n'avait peu d'importance. L'important était que pour son propre esprit,

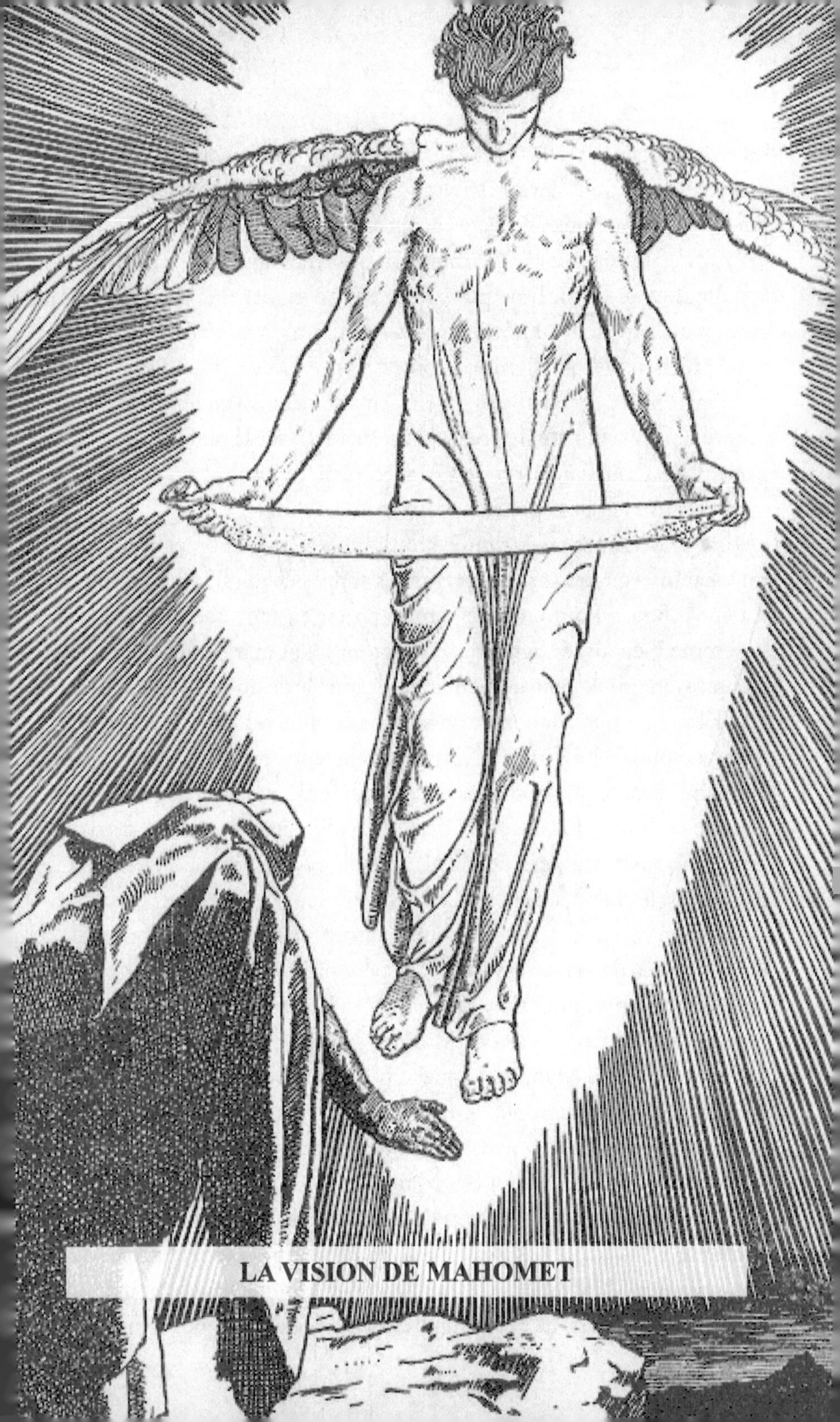

LA VISION DE MAHOMET

les visions étaient réelles et il était fermement convaincu de détenir un message divin qu'il devait délivrer à l'humanité. Cette conviction influença profondément ses actes jusqu'à sa mort.

Ainsi, c'est avec force et détermination que Mahomet décida de prêcher le culte du vrai Dieu. Il ne prétendait pas enseigner une nouvelle religion, mais l'appelait plutôt « la foi d'Abraham » à laquelle il donna le nom précis *islam* qui signifie « soumission à Dieu ». Les disciples de Mahomet sont généralement appelés « mahométans » en référence à son propre nom, et sont aussi appelés musulmans. Avec le temps, Mahomet parvint à bannir l'idolâtrie de l'Arabie, mais ce résultat fut obtenu en surmontant bien des épreuves et difficultés.

Lorsqu'il commença ses prédications publiques, Mahomet avait environ quarante-quatre ans. Les premières années de missions, les résultats étaient infimes. La première à croire en lui en tant que prophète fut sa femme bien aimée, Khadija, qui donna à son mari toute l'aide et la compassion qu'elle pouvait pendant ses années de doutes et d'épreuves. Zayd, l'esclave que Mahomet libéra puis adopta, fut aussi l'un des premiers à croire en lui. Lorsque Zayd était un jeune enfant, il tomba entre les mains de quelques nomades Arabes qui l'enlevèrent puis le vendirent comme esclave, il fut ensuite offert à Khadija juste après son mariage avec Mahomet. Le père de Zayd, accablé de chagrin suite à la perte de son fils, le chercha partout. Des années plus tard, quelques hommes de sa tribu revenus de La Mecque pour un pèlerinage, lui donnèrent des nouvelles de son enfant. Ravi, le père partit immédiatement pour La Mecque dans l'intention de racheter sa liberté, mais Zayd refusa de quitter ses maîtres qui, selon ses dires, avaient été comme un père et une mère pour lui. Mahomet, touché par cette dévotion, emmena Zayd à la Kaaba, l'ancien temple de La Mecque, et en fit publiquement son fils adoptif. Le père de Zayd, satisfait de l'arrangement, rentra chez lui en laissant la garde de son fils à Mahomet.

Un autre résident de la maison du Prophète fut l'un des premiers à se convertir à l'islam, il s'agissait d'Ali, le fils d'Abu Talib, le protecteur bienveillant de Mahomet. Abu Talib était un homme pauvre, et il devait subvenir aux besoins de beaucoup d'enfants. Alors, pour aider son oncle,

Mahomet décida d'adopter un de ses fils. Nous entendrons beaucoup parler d'Ali, il était d'une nature courageuse et noble et resta fidèle à sa foi durant les nombreuses années de luttes et d'épreuves. Les premières années, il y eut quelques autres conversions, la plus importante fut celle d'Abu Bakr.

Abu Bakr était un riche marchand, il avait environ deux ans de moins que Mahomet dont il était l'ami dévoué. C'était un homme petit et fin, il avait un air aimable et attentionné et était plus juste que la plupart des Arabes. Très généreux, il distribuait beaucoup d'argent aux pauvres et était toujours prêt à aider les plus faibles et les opprimés. En raison de sa nature fidèle et honnête, Abu Bakr était surnommé « al-Siddiq » ou « le Véritable » ; son amitié pour Mahomet resta indéfectible jusqu'aux derniers jours du Prophète. Qu'un homme aussi bon et respecté qu'Abu Bakr rejoigne le petit groupe de croyants fut un grand avantage pour la nouvelle foi et peu de temps après, plusieurs autres suivirent son exemple.

Mais un grand nombre d'habitants de La Mecque, et particulièrement ceux de la tribu de Mahomet, les Quraych, ne prêtaient aucune attention à son enseignement ; la menace d'une vengeance du paradis s'ils n'abandonnaient pas leurs idoles et ne menaient pas une meilleures vie prodiguée par Mahomet ne provoqua que les moqueries des hommes de la tribu qui commencèrent à persécuter les croyants. Ils étaient particulièrement durs avec les esclaves convertis et les étrangers qui n'étaient pas sous la protection d'un chef.

Ces derniers étaient traités de façon cruelle. Ils étaient parfois capturés, liés aux pieds et aux poings et laissés sans une goutte d'eau, sous un soleil brûlant jusqu'à ce qu'ils reconnaissent les idoles de La Mecque. Beaucoup ne résistaient pas à cette mise à l'épreuve de leur foi et étaient forcés d'y renoncer. Cependant, c'est plein de repentir qu'ils revenaient ensuite vers leur prophète.

Parmi ces croyants persécutés, il y avait un grand et puissant esclave abyssinien prénommé Bilal. Même presque mort de soif, il resta fidèle à sa foi et refusa avec détermination de dire un mot contre son prophète. Un jour, alors que Bilal était exposé depuis des heures sous le soleil ardent, Abu Bakr passa devant lui et acheta cet esclave loyal le libérant ainsi de ses chaînes et lui rendant sa liberté. Bilal devint ensuite connu comme le premier muezzin, un crieur qui annonce les heures de la prière depuis la mosquée, et Bilal, qui avait une voix très puissante, fut choisi pour ce poste.

Abu Bakr faisait tout ce qu'il pouvait pour soulager les souffrances des croyants opprimés, il dépensa une très grande partie de sa fortune pour acheter les esclaves persécutés dans le but de les libérer. Les Quraych n'avaient pas encore osé s'attaquer aux personnes notoires et aux chefs ou ceux qui étaient sous leur protection. Ainsi, Mahomet étant lui-même membre de la tribu dirigeante et sous la protection de son oncle Abu Talib, un des doyens de la tribu, n'était pour le moment pas maltraité. Les croyants les moins favorisés, en revanche, souffraient tellement de la maltraitance des Quraych que Mahomet leur conseilla de se réfugier dans un pays étranger. Environ vingt musulmans émigrèrent en Abyssinie ; parmi eux se trouvait la fille de Mahomet, Raukiyya et son mari, Uthman, qui était marchand. Les exilés furent aimablement reçus par le roi chrétien d'Abyssinie qui réalisa que la nouvelle foi avait beaucoup de choses en commun avec le christianisme. Par exemple, Mahomet avait enseigné à ses disciples la bonté et la compassion avec les créatures de Dieu et même avec les animaux. Il exhortait les marchands à être équitables et honnêtes durant leurs transactions et il insistait sur le devoir de nourrir ceux qui ont faim, de visiter les malades et de donner l'aumône aux pauvres.

La lutte entre Mahomet et les Quraych était de plus en plus acharnée. Le prophète dénonça ouvertement les idoles de La Mecque et exhorta le peuple à se repentir, leur expliquant que Dieu les punirait si ils n'abandonnaient pas leurs péchés. Les doyens de la tribu Quraych, furieux de l'insulte faite aux dieux de leurs ancêtres, allèrent trouver Abu Talib pour se plaindre de son neveu qui était en train de troubler la paix de La Mecque. Ils exigèrent du chef qu'il ordonne à Mahomet d'arrêter de prêcher en public et d'arrêter de lui octroyer sa protection s'il ne se pliait pas à leurs conditions. Abu Talib n'était pas croyant mais il aimait beaucoup son neveu qu'il avait toujours considéré comme son fils et avait peur qu'on puisse lui faire du mal. Il convoqua alors Mahomet pour lui

BILAL APPELANT LES MUSULMANS À LA PRIÈRE

parler des plaintes des Quraych ; il pouvait avoir l'opinion qu'il voulait, lui expliqua son oncle qui était désormais un très vieil homme, mais il ne devait pas les déclarer publiquement. Alors Mahomet lui répondit : « Même s'ils mettaient le soleil dans ma main droite et la lune dans ma main gauche pour mettre fin à ce que j'ai entrepris, je n'y prêterais pas attention, à moins que le Seigneur me l'ordonne. » Il était tellement peiné de voir les problèmes qu'il avait causés à son gentil protecteur qu'il éclata en sanglots et repartit. Mais Abu Talib le rappela et lui assura qu'il ne le délaisserait jamais, il le pria de faire tout ce qu'il pensait être de son devoir. La réaction d'Abu Talib était très noble car il soutenait son neveu contre les hommes de sa propre tribu alors que lui-même ne s'était pas converti à l'islam, et ne l'a probablement jamais fait.

Plus vieux, Abd al-Muttalib eut deux autres fils : Hamza et Abbas. Hamza, qui avait presque le même âge que le Prophète, était un chasseur bien connu dont la force et le courage étaient remarquables; également reconnu pour sa beauté, il était le favori et tous le connaissaient. Un jour, alors qu'il revenait d'une expédition de chasse, son arc en bandoulière, il entendit que Mahomet avait été ouvertement insulté par Abu Jahl, l'un de ses pires ennemis. Le Prophète n'avait pas répondu lorsqu'Abu Jahl l'avait injurié et hué. Hamza, furieux de cet affront fait à son neveu, alla directement à la Kaaba où il trouva Abu Jahl avec les chefs de La Mecque. Pris d'une colère légitime, Hamza frappa violemment Abu Jahl avec son arc, et, dans son élan, se déclara musulman. Il resta fidèle à sa foi, et combattit ensuite si vaillamment pour défendre l'islam qu'il fut surnommé le lion de Dieu.

Presque toutes les religions possèdent leur livre sacré. Le livre sacré des musulmans est appelé le Coran : c'est l'œuvre du Prophète Mahomet, il fut écrit ou dicté par Mahomet aux différentes périodes de sa carrière prophétique. Le mot Coran signifie en arabe *la récitation*, comme notre mot Bible signifie *le Livre*. Mahomet était persuadé que les mots du Coran lui étaient divinement révélés. En effet, toute grande œuvre provenant de convictions profondément ancrées dans l'âme d'un homme est bien souvent inspirée par quelque chose.

Durant ses premières années en tant que berger, Mahomet était très entouré par la nature. Il avait vu l'aurore pâle embrasser les sommets sombres du mont Hira et du mont Arafat, entendu le tonnerre gronder et retentir à travers les passages des collines et ressenti le souffle glacial du vent du désert alors que les lueurs du soleil couchant embrasaient les rochers. Dans chaque merveille de la nature, il ressentait la présence du Créateur tout-puissant. « La splendeur des premiers rayons du soleil, la lune lorsqu'elle le remplace, le jour lorsqu'il manifeste sa gloire » — toutes ces choses emplissaient l'âme de Mahomet d'émerveillement et d'admiration. « Ce sont sans nul doute les signes de la grandeur de Dieu, il nous suffit de savoir les interpréter ! », dira-t-il aux athées.

Le jour du jugement dernier ne représentait pas une sombre prophétie pour Mahomet, mais une grande réalité dont l'image ne quittait jamais son esprit. Dans un des premiers chapitres du Coran nous pouvons lire :

« Quand le ciel se rompra
Et que les étoiles se disperseront,
Et que les mers confondront leurs eaux,
Et que les tombeaux seront bouleversés,
Toute âme saura alors ce qu'elle a accompli et ce qu'elle a remis de faire à plus tard. »

Mahomet attache une grande importance à la prière qu'il appelle la porte du paradis. Mais il mit en garde ses fidèles que ceux qui prient seulement avec leur bouche et non pas avec tout leur cœur ne seraient pas acceptés par Dieu : « Malheur à ceux qui prient tout en négligeant leurs prières ». L'observance extérieure ne vaut rien en soi. « La piété ne consiste pas à se tourner vers l'Orient ou l'Occident, mais pieux est celui qui croit en Dieu » expliquait le prophète.

Le premier chapitre du Coran est particulièrement vénéré par les musulmans qui l'utilisent comme une de leurs prières quotidiennes :

« Que dieu soit loué, Seigneur de l'univers.
Le Tout Miséricordieux, le Très Miséricordieux,
Maître du jour de la rétribution.
C'est Toi que nous adorons, et c'est Toi dont nous implorons le secours.
Guide-nous dans le droit chemin,

Le chemin de ceux que Tu as comblés de faveurs,
Non pas de ceux qui ont encouru Ta colère, ni des égarés.»

L'Année du Deuil

Lors de la sixième année de la mission de Mahomet, il y eut une deuxième émigration vers l'Abyssinie, où le nombre de musulmans dépassa rapidement la centaine. Malgré les persécutions, le petit groupe de croyants de La Mecque augmentait de manière stable. Un ou deux hommes d'influence s'y allièrent et, à un moment, Mahomet eut même l'espoir d'une conversation avec le chef des Quraychites. Un jour, alors que le Prophète tenait une conversation sérieuse avec ce chef, un pauvre homme aveugle vint et l'interrompit. « Ô, Apôtre de Dieu » cria Abdallah, l'aveugle, « enseigne-moi une partie de ce que Dieu t'a enseigné ! ». Mais le Prophète, agacé d'avoir été interrompu, fronça les sourcils et lui tourna le dos. Il est fait référence à cet incident dans le Coran et nous observons la nature généreuse de Mahomet à travers sa capacité à confesser sa faute et à assumer pleinement son tort. « Le Prophète a froncé les sourcils et s'est éloigné parce que l'aveugle s'approchait de lui… L'homme riche, tu le reçois respectueusement ; mais celui qui vient à toi cherchant sérieusement son salut, et qui craint Dieu, tu le repousses. Sous aucun motif, tu ne devrais agir ainsi. »

À cause de l'attitude insultante de leurs ennemis, les musulmans avaient cessé de prier en public depuis un certain temps. Ils se réunissaient en secret dans la maison d'un converti nommé Al-Arqam. Cette maison, située sur la colline de Safa, loin du centre de la ville, fut connue comme la « maison de l'Islam. »

Peu de temps après que Hamzah se déclara musulman, une autre conversion importante se fit. Abu Jahl, ennemi de Mahomet, avait un neveu nommé Omar qui avait alors vingt-six ans. Il était gigantesque et si effronté et fort que les citoyens redoutaient son bâton bien plus que l'épée de n'importe quel autre homme. Si son tempérament hâtif en faisait une terreur pour ses ennemis, Omar était fermement opposé aux musulmans et certains disent qu'il avait convenu avec Abu Jahl d'embusquer le Prophète et de le poignarder. Un jour, Omar entendu la rumeur que sa sœur Ramlah avait été convertie à une autre religion. Rempli de rage, il se rendit immédiatement à la maison de sa sœur pour découvrir la vérité. Il entra avec précipitation et vit Ramlah et son époux, Saïd, en train d'écouter une lecture du Coran. Omar, pris d'une passion furieuse, saisit son épée et attaqua son beau-frère, et Ramlah fut blessée par la pointe de l'épée de son frère en se jetant entre les combattants.

Lorsqu'Omar vit le sang couler du visage de sa sœur, il se sentit honteux, il calma sa colère et demanda à voir le parchemin duquel était extraite cette lecture. Mais Ramlah ne l'autorisa pas à le toucher avant de s'être lavé et purifié, comme les musulmans le font avant de prier. Après s'être purifié, Omar saisit le parchemin et commença à lire le vingtième chapitre du Coran : « Nous n'avons point fait descendre sur toi le Coran pour que tu sois malheureux, si ce n'est qu'un Rappel pour celui qui redoute Allah (…) Le Tout Miséricordieux S'est établi "Istawa" sur le Trône ; à Lui appartient ce qui est dans les cieux, sur la terre, ce qui est entre eux et ce qui est sous le sol humide. Et si tu élèves la voix, Il connaît certes les secrets, mêmes les plus cachés. » Omar se rendit compte que ces mots n'étaient pas ceux d'un fou. À mesure qu'il lisait, la vérité s'ancrait dans son âme et il demanda à être amené au Prophète afin de se déclarer croyant.

Les fidèles étaient réunis à la maison d'Al-Arqam lorsqu'ils entendirent quelqu'un frapper à la porte. Avant d'ouvrir, Hamzah regarda à travers une fissure et, quand il annonça qu'Omar était là, plusieurs fidèles brandirent leur épée, prêts à défendre le Prophète et à empêcher l'intrus d'entrer. Mais Mahomet l'invita à l'intérieur et sa joie fut immense lorsqu'Omar fit sa profession de foi. À partir de ce jour, il se dévoua à la cause du Prophète et, comme Saint Paul, devint un brave défenseur de la foi qu'il avait persécuté. Le jour suivant sa conversion, Omar se précipita à la Kaaba pour prier, les autres musulmans suivirent son exemple ; telle était la peur qu'inspiraient les bras forts d'Omar et son tempérament fougueux que personne n'osait critiquer.

Comme Abu Bakr, Omar devint l'un des conseillers principaux du Prophète, et après quelques années, les deux lui succédèrent en tant que chef religieux ou calife, signifiant successeur. Nous comprenons l'ampleur de l'influence de Mahomet sur ses fidèles en découvrant que le doux et réservé Abu Bakr devint un courageux chef en temps de guerre et que le violent et fougueux Omar devint un dirigeant sage et modéré.

Les Quraychites, alarmés par les récentes conversions, étaient déterminés à prendre de fortes mesures afin de détruire cette nouvelle foi qui menaçait de renverser la religion de leurs ancêtres. Lors d'un conseil des anciens, il fut décidé que Mahomet et tous ceux qui le défendraient contre le reste de la tribu des Quraychites seraient considérés comme des hors-la-loi. Tous les droits de citoyenneté leur seraient retirés, personne n'aurait le droit de leur vendre de la nourriture, de se marier avec un membre de leur famille ou de n'avoir aucun type de relation avec eux. Ce décret, ou mise au ban, fut rédigé sur un bout de parchemin portant trois sceaux puis affiché à l'intérieur de la Kaaba. Tous les proches de Mahomet, même les non-croyants, se rassemblèrent, excepté un de ses oncles, Abu Lahab. En fait, la plupart des descendants de Hachim, l'arrière grand-père de Mohamet, soutinrent leur parent. Mais les Hachémites ne pouvaient se défendre contre le reste de la tribu des Quraychites. Certains furent attaqués en public, le Prophète lui-même fut saisi un jour dans la Kaaba et aurait été étranglé s'il n'avait pas été sauvé par le brave Abu Bakr, qui fut blessé dans la bataille.

Les montagnes à l'est de la Mecque s'élèvent de manière abrupte, comme des falaises, très près de la ville, et entre leurs gorges se trouvent d'étroits ravins appelés chebs. Le mot cheb signifie pierre en arabe. La périphérie de la ville s 'étendait jusqu'aux ravins, dans l'un desquels se trouvait un château, ou bastion, appartenant à Abu Talib. Ce cheb étant entouré de roche, il n'y avait qu'une ouverture vers la ville, et il s'agissait d'une porte, si étroite qu'un chameau pouvait à peine passer à travers.

Les Hachémites se réfugièrent de leurs persécuteurs dans le ravin d'Abu Talib. La ville n'était plus sûre pour eux car chaque fois qu'ils quittaient leur maison, ils risquaient d'être attaqués par leurs oppresseurs. Khadija, la femme dévouée du Prophète, et tous les membres de son foyer, partagèrent son exil. Même ses oncles, à l'exception faite d'Abu Lahab, quittèrent leur maison et suivirent Mahomet dans le cheb.

De nombreux descendants de Hachim n'étaient pas croyants, mais le lien de parenté, très fort chez les Arabes, les mena à prendre le parti du Prophète contre les dirigeants des Qurayschites. Vous comprendrez que le nom Quraychite s'applique à la tribu entière ; si les Hachémites étaient un clan de cette tribu, nous ne pouvons qu'admirer la loyauté des proches de Mahomet à travers ses épreuves.

Durant près de trois ans, les Hachémites demeurèrent dans le cheb d'Abu Talib. Ils subirent un manque et une privation atroces car le blé se fit rare et les Hachémites n'étaient pas suffisamment riches pour envoyer leurs propres caravanes et les marchands qui venaient à la Mecque n'avaient pas le droit de faire affaire avec les hors-la-loi. Les pauvres Hachémites furent parfois au bord de la famine, les gémissements des bébés affamés étaient perceptibles depuis la ville et beaucoup, même parmi les Quraychites, avaient de la compassion envers eux et considéraient les termes de la mise au ban comme trop stricts. Mais les anciens étaient déterminés à éliminer la nouvelle foi et n'envisageaient pas d'abandonner. À certaines occasions, un neveu de Khadija trouva le moyen d'envoyer de la nourriture à sa tante et une fois, un chameau portant du blé fut introduit en secret dans le cheb pendant la nuit. Mais ceux qui aidaient les hors-la-loi risquaient d'offenser les chefs de la Mecque en désobéissant.

Il y avait un moment de l'année durant lequel les hors-la-loi pouvaient quitter leur refuge en toute sécurité : le mois du pèlerinage annuel à la Kaaba. Les Arabes le considéraient comme un mois sacré durant lequel toutes les querelles cessaient. Les caravanes traversant le désert n'avaient pas peur des pillages et les tribus en guerre étaient réconciliées car la trêve du mois saint était observée à travers l'Arabie entière. La saison du pèlerinage devint donc également la période des grandes foires, à la Mecque et autres villes voisines.

Alors, les Hachémites avaient de nouveau le droit de se mélanger aux autres citoyens. Mahomet profita de ces périodes de paix pour réitérer ses efforts afin de convertir le peuple. Il allait à plusieurs des grandes foires et, au milieu de la bruyante confusion des acheteurs et vendeurs, prêchait contre le péché de l'idolâtrie dès qu'il trouvait quelqu'un prêt à l'écouter. Mais la plupart le recevaient avec des moqueries et des huées. « Pourquoi vos propres compatriotes ne vous croient pas si vous êtes un vrai prophète ? » criaient les étrangers. La persévérance et le courage de Mahomet sont subjuguant ; rien ne semblait affaiblir sa ferme détermination à établir la foi qu'il se sentait responsable de prêcher. Les Quraychites auraient autorisé Mahomet à rentrer chez lui et à vivre une vie de citoyen en paix, s'il avait accepté de cesser de prêcher ses doctrines. Toutefois, il se refusait résolument à le faire. Lorsque se terminait le mois de pèlerinage, les règles de la mise au ban étaient de nouveau appliquées avec rigueur et les Hachémites retournaient au cheb d'Abu Talib. La troisième année de leur emprisonnement, un incident eut lieu et changea le cours des événements.

Mahomet eut vent de rumeurs selon lesquelles le parchemin sur lequel avait été écrite la mise au ban avait été détruit par des insectes et il considéra cela comme un signe que Dieu était en faveur de sa cause. Alors Abu Talib, avec quelques compagnons, s'en allèrent à la Kaaba et, se tenant devant les chefs et les anciens, s'adressèrent à eux ainsi : « J'ai entendu que le parchemin a été dévoré par les insectes. Si cela est vrai, vous devriez annuler les règles de la mise au ban et libérer les Hachémites. Mais si vous pouvez prouver que cela est faux, je vous livrerai mon neveu. »

Ils acceptèrent ces termes et le parchemin fut apporté depuis la Kaaba, alors que tous attendaient la suite des événements. Lorsque le parchemin fut déroulé, ils virent qu'il avait été mangé presque entièrement par des termites et les règles de la mise au ban étaient illisibles. Un historien arabe raconte que le seul mot encore visible était le nom de Dieu.

Abu Talib, content d'avoir eu raison, reprocha amèrement aux Quraychites d'avoir cruellement traité leurs compatriotes et, sans attendre leur réponse, s'en alla et retourna au cheb. Aussitôt qu'il fut parti, cinq chefs des Quraychites se levèrent et déclarèrent la fin de la mise au ban. Ils se vêtirent de leurs armures et se rendirent au cheb d'Abu Talib pour annoncer la bonne nouvelle aux hors-la-loi : ils pouvaient rentrer chez eux en toute sécurité. Bien que de nombreux Quraychites étaient contre ces mesures, ils étaient obligés d'appliquer les conditions qui avaient été acceptées.

Quel soulagement pour les exilés de pouvoir enfin quitter l'étroit ravin dans lequel ils avaient été emprisonnés si longtemps et de retourner en paix chez eux ! La maison où vivaient Mahomet et Khadija est toujours visible. Mais le Prophète ne connut pas la paix bien longtemps car il dut endurer une triste épreuve. Peu de temps après leur libération, sa femme bien aimée, Khadija, décéda. Mahomet ressentit un tel chagrin qu'au début, il refusa tout réconfort. Khadija portait bien son nom « La mère des croyants », puisque c'est elle qui avait accompagné le Prophète pendant ses tribulations et lui avait apporté son aide et ses conseils, c'est elle qui l'avait encouragé et qui avait souffert avec lui lorsque l'avenir de l'Islam semblait presque sans espoir ! Certains disent que sans elle, Mahomet ne serait jamais devenu Prophète. La tombe de Khadija est toujours visible dans l'ancien cimetière reposant sur la pente ouest des montagnes au nord de la Mecque. Quand, après quelques années, Mahomet eût eu plusieurs femmes, conformément à la coutume arabe, la jeune et belle Aïcha lui demanda un jour s'il la préférait à Khadija. « Absolument pas » répondit Mahomet, « elle a cru en moi quand personne d'autre ne croyait en moi, elle m'a enrichi quand j'étais pauvre, elle a été sincère quand le reste du monde était contre moi. »

Le Prophète subit un autre chagrin à cette époque. Cela faisait à peine cinq semaines que Khadija était décédée quand il perdit son oncle et protecteur, Abu Talib. Mahomet était désormais profondément affligé car il avait perdu les deux meilleurs amis qu'il avait jamais eu : sa femme qui avait été sa fidèle conseillère durant vingt-cinq ans et son oncle qui avait agi en tant que père depuis son enfance. C'est à juste titre que l'année durant laquelle se déroulèrent ces événements fut appelée l'année du deuil.

Le Serment d'Allégeance d'Al-Aqaba

Dix ans s'étaient écoulés depuis que Mahomet avait reçu l'ordre de se lever et de prêcher. Il avait lutté pour exécuter ce qu'il croyait être les ordres de son Seigneur, mais il a dû faire face à des insultes, des moqueries et une opposition telle qu'elle aurait découragé n'importe quel homme ne possédant pas une ferme croyance en la justesse de sa cause. Cette période d'attente est la partie la plus merveilleuse de la carrière de Mahomet : il n'avait rien d'autre pour le soutenir que sa propre foi en sa cause et, même quand l'avenir semblait obscur, il ne douta jamais que Dieu l'aiderait à accomplir la tâche dont il l'avait chargé. Le courage et l'endurance extraordinaires de la nature de Mahomet furent véritablement mis à l'épreuve durant cette période de difficulté et de déception. Il n'existait aucune pensée d'ambition matérielle dans son esprit car Mahomet était un homme riche, un membre de la tribu dirigeante et aurait pu atteindre un rang élevé dans l'administration de sa ville natale. Il choisit néanmoins de suivre un chemin qui amena sur lui l'hostilité de presque tous les puissants chefs de La Mecque.

Après le décès d'Abu Talib, les opposants du Prophète devinrent plus violents et lui jetèrent des insultes qu'ils n'auraient jamais osé jeter du vivant du chef. Les gens le huaient et lui jetaient de la boue dans la rue. Lorsque l'une des filles du Prophète pleura en voyant son père recevoir un si mauvais traitement, il la réconforta en lui disant « Ne pleure pas, car le Seigneur aidera ton père. » La vie à La Mecque devint intolérable pour Mahomet et, désespéré de n'avoir aucune influence sur ses compatriotes, il commença à penser à semer la foi autre part.

À environ cent kilomètres à l'est de La Mecque, se trouve une ville appelée Taïf. Les habitants de Taïf étaient susceptibles de croire la Vérité, même si les habitants de La Mecque refusaient d'entendre le Prophète qui leur avait été envoyé ! Cela faisait à peine deux semaines qu'Abu Talib était décédé quand Mahomet se mit en route pour Taïf. Il était accompagné de Saïd, son fils adoptif, et de l'un des premiers convertis à l'islam. C'est avec le cœur lourd que Mahomet quitta La Mecque. Tous ses espoirs et tout son bonheur semblaient enterrés dans sa ville natale ; ceux qui avaient été liés à lui par des liens d'affection et de gratitude reposaient dans leur tombe et les espoirs de devenir le sauveur de son peuple qui étaient nés dans son cœur avait été vaincus. Il lui semblait qu'il s'était écoulé une éternité depuis qu'il avait erré dans la solitude du mont Hira, remettant en cause sa propre âme, jusqu'à être convaincu de sa mission de prêcher ! Comme il avait travaillé et lutté pour établir sa cause, sans penser au confort et la richesse et avec le soutien de la compatissante Khadija lorsqu'il était découragé. Les travaux de ces dix années semblaient avoir porté peu de fruits alors qu'il quittait, à cinquante ans, sa ville natale en secret, à pied, mais pas comme un fugitif !

Les soixante premiers kilomètres du chemin depuis La Mecque jusqu'à Taïf traversent des vallées rocheuses et arides, de grands blocs de roches éparpillés ; et la montée jusqu'au mont Korah était longue et difficile. Derrière eux, un avenir affligeant, mais là où le chemin descend vers l'autre côté de la chaîne montagneuse, se trouve un tout autre paysage. Plusieurs cours d'eau coulent depuis le sommet du mont Korah, fertilisant les terres plus basses, de grands sycomores jaillissent entre les granites et créent une ombre agréable, alors que les figues, les vignes, les abricots, les pêches et les grenades poussent en abondance. Quel contraste avec le désert rocheux qui entoure La Mecque, et comme les esprits fatigués des voyageurs avaient dû être revigorés par un tel paysage !

En arrivant à Taïf, Mahomet partit à la recherche des dirigeants de la ville et leur expliqua la mission qui l'y avait amené. Mais il découvrit rapidement que ses espoirs de persuader les habitants de Taïf de soutenir sa cause étaient entièrement vains.

Il y avait à Taïf une idole, al-Lat : une grande statue de pierre représentant une femme et recouverte de pierres précieuses. Cette idole était censée être mystérieusement inspirée de la vie et les habitants de Taïf en étaient émerveillés. Lorsqu'ils découvrirent le but de la visite de Mahomet, ils réagirent avec furie, refusant de l'écouter et le chassèrent de la ville en lui jetant des pierres. Saïd et le Prophète furent blessés et forcés de se

MAHOMET, HUMILIÉ ET RAILLÉ DANS LES RUES

retirer, la foule les poursuivant durant quatre kilomètres à travers la plaine sablonneuse. Épuisés et découragés, les fugitifs se reposèrent dans un verger près d'un jardin appartenant à un Quraychite. Plusieurs hommes riches de cette tribu possédaient des maisons et des jardins près de Taïf et s'y rendaient en été. Deux d'entre eux avaient vu la misérable situation du Prophète et, ayant de la compassion pour lui, leur envoyèrent un plat de raisins apporté par un esclave chrétien, qui fut fasciné par la noble résignation de Mahomet face au traitement humiliant qu'il venait de subir.

Les voyageurs rebroussèrent chemin vers La Mecque mais Mahomet n'osa pas entrer dans la ville jusqu'à s'être garanti la protection de l'un des chefs, car il était plus considéré comme un hors-la-loi recherché que comme un citoyen libre. Ainsi, pendant que Saïd organisait cet arrangement, Mahomet attendait dans la vallée de Nakhla, à mi-chemin entre La Mecque et Taïf. Il y avait quelques maisons dans cette vallée, mais il s'agissait d'un lieu sauvage et désolé que les Arabes croyaient hanté pas les djinns, ou esprits de feu. Les djinns étaient considérés comme entre les hommes et les anges ; ils étaient faits de feu pur et les hommes d'argile mais, comme les hommes, ils pouvaient pécher et attendaient le salut. Lorsque Mahomet se leva durant la nuit pour prier et réciter des parties du Coran, il croyait être entouré de nombreux esprits buvant ses paroles. Et le cœur du prophète était réconforté à l'idée que, même si les hommes refusaient de l'écouter, son message était compris par les esprits de feu.

Après un moment, Mahomet apprit que l'un des cinq chefs qui avaient déclaré la fin de la mise au ban avait fait la promesse de le protéger et retourna donc à La Mecque. Ce chef, qui appartenait à la tribu de Mahomet, se rendit, vêtu de son armure, à la Kaaba, monta son chameau et, face aux dirigeants des Quraychites, jura de protéger le Prophète et de venger toute atteinte qui lui serait faite. Mais malgré cela, Mahomet ne jouit pas d'une grande sécurité dans sa ville natale. La cause de l'islam semblait presque vaine et les musulmans demeurant à La Mecque (car beaucoup étaient toujours en Abyssinie) n'osaient pas pratiquer leur religion ouvertement car leurs ennemis étaient trop forts pour eux.

À cette période, Mahomet épousa une seconde femme, Sauda, la veuve d'un immigrant abyssinien. Il fut également fiancé à Aïcha, la fille de son ami Abu Bakr, mais cette dernière étant très jeune, leur mariage n'eut lieu que trois ans plus tard.

Alors que l'avenir de l'islam semblait bien sombre, un incident se produisit, inspirant Mahomet et renouvelant ses espoirs. C'est durant la période du grand pèlerinage qu'il eut une conversation quelques pèlerins de Yathrib, une ville située à environ 430 kilomètres au nord de La Mecque. C'est dans cette ville que Mahomet venait avec sa mère quand il était enfant. Plusieurs tribus juives étaient installées à Yathrib et les Arabes qui venaient à leur rencontre partageaient la même foi, celle qui enseignait l'adoration d'un seul Dieu et qui condamnait l'idolâtrie. Ils étaient donc plus enclins à écouter les doctrines de Mahomet que ses propres compatriotes.

La renommée du Prophète qui avait tant troublée la paix à La Mecque avait été apportée à Yathrib par les caravanes qui s'y arrêtaient sur le chemin vers la Syrie. Lorsque les pèlerins rencontrèrent Mahomet dans la vallée de Mina (près de La Mecque), ils étaient impatients d'entendre ce qu'il avait à raconter. Profondément impressionnés par la doctrine de la nouvelle foi, plusieurs se déclarèrent croyants, mais dirent au Prophète qu'ils ne pouvaient l'inviter à se rendre à leur ville, car ils auraient été incapables de le protéger des constantes querelles entre les tribus. Yathrib était à cette époque dans un état de trouble et les deux tribus principales, les Aws et les Khazradj, étaient constamment en guerre. Les juifs prenaient parfois le parti de l'une, parfois de l'autre, et les nombreuses jalousies entre les tribus rivales empêchaient leur unification sous un seul et unique dirigeant. Dans ces circonstances, Yathrib n'était pas un endroit où le Prophète pouvait trouver un refuge sûr, mais les pèlerins lui promirent de discuter avec leurs compatriotes. Ils prévirent une rencontre avec le Prophète l'année suivante, au moment du pèlerinage, afin de lui faire un rapport de la situation.

Attendre un événement dont de grandes choses dépendent pendant un an est très long, mais dans l'Est, les hommes sont moins impatients que nous le sommes et Mahomet, qui avait déjà attendu tant d'années, pouvait bien attendre une année de plus, encouragé par de nouveaux espoirs.

Quand la période du pèlerinage arriva de nouveau, Mahomet

partit secrètement à la rencontre des hommes de Yathrib. Ils devaient se retrouver à un endroit appelé al-Aqaba, dans un vallon étroit ombragé par de hautes collines. Al-Aqaba, qui signifie le chemin escarpé ou la route de montagne, est situé au nord de La Mecque, à une certaine distance de la route vers Yathrib.

Tant de choses dépendaient de cette rencontre ! Si les nouveaux convertis échouaient, une année de vains espoirs se serait écoulée et il n'y aurait aucun autre refuge pour la foi si le peuple de Yathrib refusait d'accueillir les nouvelles doctrines ! Toutefois, Mahomet arriva au lieu de rendez-vous et y trouva douze hommes des tribus Aws et Khazradj. Ils exprimèrent leur bonne pensée concernant l'islam à Yathrib et promirent de faire tout ce qui était dans leur pouvoir afin de répandre la foi ; ils convinrent de se rencontrer à nouveau l'année suivante, au même endroit, afin de conter leurs progrès.

Avant de partir, les douze hommes de Yathrib déclarèrent leur foi envers l'islam, promettant solennellement de n'adorer que l'unique vrai Dieu, de mener des vies pures et vertueuses, et d'obéir au Prophète. Ce fut le Premier serment d'allégeance d'al-Aqaba, ou du chemin escarpé. Il fut plus tard renommé « le serment d'allégeance des femmes » car il ne mentionnait pas le fait de se battre pour cette cause et la profession de foi était la même que celle faite par les femmes rejoignant l'islam.

Lorsque nous pensons au grand pouvoir des mahomédiens au cours des années qui suivirent, il est intéressant de rappeler cette première profession de foi, faite par les douze croyants dévoués dans les profondeurs d'un ravin où ils étaient forcés de se cacher de peur que leurs ennemis ne découvrent leur secret.

Quand les nouveaux convertis retournèrent à Yathrib, Mahomet envoya avec eux un jeune homme appelé Mousab afin de leur enseigner les doctrines du Coran et de les guider dans leurs prières. Mousab, connu comme l'homme le mieux vêtu de La Mecque, était l'arrière-petit-fils de Hachim, mais sa mère et sa tribu étaient si amèrement opposés au Prophète qu'au début sa conversion à l'islam demeura secrète. Lorsque ce secret fut dévoilé, sa mère et sa famille le renièrent et il fut forcé de partir rapidement pour l'Abyssinie avec les premiers émigrants. À son retour, il avait été si changé par les épreuves qu'il avait endurées que sa mère n'eut plus le cœur de le réprimander. Mousab était tout juste revenu de son exil quand il fut envoyé à Yathrib comme missionnaire. Plus tard, d'autres prêcheurs furent envoyés, dont Abdallah, l'homme aveugle mentionné plus tôt.

Mahomet attendit le prochain entretien avec les hommes de Yathrib en faisant preuve de patience et sans jamais perdre la foi. De temps à autre, il était encouragé par des nouvelles concernant l'expansion de la foi dans la nouvelle ville, le nombre de croyants augmentant chaque jour. Quand le mois sacré arriva, Mousab, qui accompagnait les musulmans à La Mecque, chercha le Prophète pour lui annoncer l'heureuse nouvelle qu'un grand groupe de fidèles attendait de le rencontrer dans le vallon d'al-Aqaba. Les convertis de Yathrib étaient alors suffisamment nombreux pour inviter le Prophète dans la ville et lui permettre d'en faire sa maison.

De peur d'éveiller les soupçons des Quraychites, il avait été convenu que la rencontre dans le vallon se ferait à minuit. Cette rencontre se fit dans le plus grand secret et le Prophète ne devait être accompagné que de son oncle Abbas. À ce moment-là, Abbas n'était pas croyant mais, inquiet pour la sécurité de son neveu, il lui offrit son soutien à cette occasion.

Une fois la nuit tombée et les bruits de la ville estompés, les musulmans de Yathrib quittèrent leurs campements un par un, ou par groupes de deux ou trois personnes, pour ne pas attirer l'attention, et se faufilèrent prudemment le long de la vallée rocheuse vers le lieu de rendez-vous. Le Prophète et son oncle étaient arrivés avant eux et les attendaient, plongés dans la pénombre de la colline. Quand ils furent tous arrivés, il y avait soixante-treize hommes et deux femmes ; parmi eux se trouvaient les douze hommes présents lors du Premier serment d'al-Aqaba, un an auparavant.

Après avoir ordonné le silence par crainte d'être espionnés, Abbas se tenait devant l'assemblée et s'adressait à elle à voix basse. Il pria les hommes de Yathrib de bien réfléchir avant d'inviter le Prophète dans leur ville, et de ne pas le tromper en promettant leur protection à moins d'être certains de pouvoir tenir cette promesse ; car les membres de son clan, affirma Abbas, croyants ou non, le défendraient contre ses ennemis. « Mais », conclut-il, « si vous avez réfléchi aux implications et êtes déterminés, qu'il en soit ainsi. »

Un chef âgé de Yathrib, Abu Bara, s'avança. « Nous sommes déterminés» dit-il, «et nous protègerons le Prophète au péril de nos vies.»

Mahomet lui-même s'adressa ensuite à l'assemblée. Évoquant les bénédictions de l'islam, il fit appel à eux pour rejoindre sa cause et renoncer à l'idolâtrie. Il serait heureux, déclara-t-il, si les citoyens de Yathrib s'engageaient à le défendre, ainsi que ses fidèles, comme ils défendraient leurs propres épouses et enfants. Les «soixante-dix» étaient heureux de le faire et chaque homme s'avança un par un et posa sa main sur celle du Prophète en gage de serment; répétant les mots du Premier serment, chacun s'engagea, d'autre part, à défendre le Prophète au péril de sa vie.

Il est magnifique de voir l'enthousiasme inspiré par Mahomet dans les cœurs de ces premiers croyants. Le Prophète ne garantit pas la dévotion de ses convertis à l'islam par la promesse d'un gain matériel, car les musulmans étaient jusqu'à lors méprisés et opprimés; ils devaient tout risquer et, s'ils périssaient dans la bataille, les joies du paradis seraient leur récompense.

Il était très tard dans la nuit et l'assemblée s'apprêtait à se dissiper quand le silence fut perturbé par un cri perçant et étrange. Certains pensèrent que des espions des Quraychites les avaient démasqués, mais Mahomet dit qu'il s'agissait du démon d'al-Aqaba, l'ennemi de Dieu, qui cherchait à faire échouer leur projet. Lors de la bataille de Uhud, les fidèles furent à nouveau effrayés par la voix du démon d'al-Aqaba, criant «Mahomet est tombé!»

Quelle que soit l'explication de ce cri, il eut l'effet de disperser l'assemblée et tous se hâtèrent de retourner à leur campement aussi vite que possible. Ainsi s'acheva le Second ou Grand serment d'allégeance d'al-Aqaba.

Mais malgré toutes les précautions prises, les Quraychites eurent vent de cette rencontre et le lendemain, le dernier jour de pèlerinage, ils poursuivirent les caravanes qui retournaient à Yathrib. Ils ne parvinrent néanmoins à capturer qu'un converti, ils lièrent ses mains dans son dos, et le traînèrent par ses cheveux longs jusqu'à La Mecque. Se déclarer mahomédien demandait beaucoup de courage à cette époque et la vie des convertis n'était pas de tout repos.

Après le Grand serment d'allégeance d'al-Aqaba, les Quraychites réitérèrent leurs persécutions avec une telle sévérité que Mahomet recommanda à tous les musulmans de se rendre à Yathrib s'ils le pouvaient.

Certains furent capturés et emprisonnés par les Quraychites, mais tous ceux qui étaient libres quittèrent la ville. Ils fermèrent leurs maisons à clé et s'en allèrent silencieusement, certaines rues restant entièrement désertes. L'émigration continua pendant deux mois, jusqu'à ce qu'il ne reste aucun musulman (exceptés ceux qui étaient emprisonnés), à part Mahomet, Abu Bakr, leur famille et Ali. Ces derniers restèrent, seuls dans cette ville hostile.

La Fuite de La Mecque

Les Quraychites étaient déterminés à se débarrasser de leur ennemi. Le gouverneur de la ville était à cette époque Abu Sufyan. Il était l'un des plus acharnés opposants du Prophète et était résolu à mettre un terme aux conditions qui, pendant presque douze ans, avaient constamment menacé la paix à La Mecque. Bien qu'Abu Bakr poussait tous les jours Mahomet à quitter la ville, ce dernier restait car, comme il disait, le moment de fuir n'était pas encore arrivé.

Les anciens Quraychites se réunirent alors afin de réfléchir aux mesures à prendre. Certains suggérèrent de bannir Mahomet mais il risquait d'être plus dangereux hors de La Mecque et entouré de ses fidèles. D'autres proposèrent l'emprisonnement, mais cela aurait provoqué des perturbations car les amis du Prophète auraient certainement essayé de le libérer. Quand toutes les options furent abordées, les Quraychites arrivèrent à la conclusion que la seule solution sûre était d'abattre Mahomet. Une objection fut soulevée contre cette solution : les Arabes se vengeaient par le sang et si un homme était assassiné, son clan entrait en guerre avec le clan du meurtrier. Cela provoquait souvent d'importantes querelles parmi les tribus. Afin d'empêcher un tel drame, les Quraychites élaborèrent un plan malicieux et rusé. Un homme était choisi parmi chaque clan de la tribu, même parmi les Hachémites, le clan de Mahomet. Ces hommes devaient embusquer le Prophète et, tous au même moment, le poignarder de leur sabre. Ainsi, personne ne saurait jamais qui l'avait tué et le clan des Hachémites n'oserait certainement jamais déclarer la guerre à la tribu entière.

Un soir, à la nuit tombée, les conspirateurs se cachèrent près de la maison du Prophète afin de l'attraper quand il sortirait de sa maison au petit matin. Mais Mahomet, ayant eu vent du complot, s'échappa par l'arrière de sa maison et trouva refuge chez son ami Abu Bakr. Ali s'allongea dans le lit du Prophète et s'emmitoufla dans sa couverture verte afin de tromper tout ennemi qui se risquerait à regarder à l'intérieur, donnant ainsi à Mahomet le temps de s'en aller en toute sécurité. Les assassins ne découvrirent que leur proie s'était échappée qu'au petit matin.

Abu Bakr se réjouit à l'arrivée de Mahomet, qui était prêt pour fuir immédiatement. Avec la sagesse et la prévoyance qui le distinguaient, il s'était, depuis un moment, préparé pour cet événement. Il avait acheté deux chameaux rapides, déjà prêts dans la cour de sa maison, et avait embauché un guide connaissant les chemins écartés de la route pour Yathrib ; rien n'avait été négligé et ils avaient suffisamment d'argent pour le voyage.

Mais les Quraychites concluraient certainement que le Prophète avait fui à Yathrib, où tous ses amis s'étaient déjà rendus. Avec l'instinct des fils du désert, Mahomet et son compagnon décidèrent d'éviter les routes les plus susceptibles d'être fouillées et de continuer de se cacher durant quelques jours en prenant une autre direction. Prudemment, ils s'en allèrent donc vers l'un des faubourgs du sud, dans l'obscurité, et parvinrent à quitter la ville sans que personne ne s'en rende compte. Se dirigeant toujours vers le sud, ils traversèrent une étendue de terre rocheuse et irrégulière, jusqu'à arriver au pied du mont Thor, une haute montagne à environ une heure et demi de route de La Mecque. La côte du mont Thor est rocheuse et escarpée et il fut probablement difficile de l'escalader dans l'obscurité. Mais ceux qui fuient pour sauver leur propre vie ne sont pas facilement perturbés par les obstacles et le Prophète et son compagnon exécutèrent l'ascension en sécurité. Près du sommet du mont Thor, se trouve une grotte profonde à l'entrée très étroite, dans laquelle les fugitifs trouvèrent refuge. Ils se cachèrent pendant trois jours, le serviteur d'Abu Bakr venant leur apporter de la nourriture tous les jours et les informer des faits et gestes des Quraychites. Ces derniers, après avoir découvert que Mahomet s'était échappé, envoyèrent immédiatement des hommes à sa recherche sur la route allant vers Yathrib. Mais, ne trouvant aucune trace du Prophète sur les routes du nord, ces hommes avaient encerclé la ville, le recherchant dans les recoins des collines rocheuses, dans les grottes et défilés desquels il pouvait se cacher. La découverte des fugitifs aurait été bien récompensée car les Quraychites offraient cent chameaux pour les têtes de Mahomet et d'Abu Bakr.

Ces derniers devaient être préoccupés car ils savaient que leurs ennemis étaient près d'eux n'étaient pas loin derrière eux; « et que ferons-nous s'ils nous retrouvent? » demanda Abu Bakr, chuchotant ses craintes à son compagnon, « car nous ne sommes que deux contre un grand nombre! ». « Non,» répondit Mahomet, « nous sommes trois, car Dieu est avec nous. » On raconte que certains des éclaireurs arrivèrent à l'entrée de la grotte et qu'ils étaient sur le point d'y pénétrer lorsqu'ils remarquèrent une épaisse toile d'araignée recouvrant l'entrée. Convaincus que personne n'était entré dans la grotte depuis longtemps, ils renoncèrent à entrer, estimant que cela était inutile.

Une autre légende raconte qu'un groupe d'hommes armés arrivèrent et qu'un acacia avait poussé juste devant l'étroite entrée où deux pigeons sauvages étaient perchés sur les branches. L'un des hommes dit à ses compagnons que personne n'aurait pu entrer puisqu'un arbre sur lequel un pigeon avait fait son nid bloquait l'entrée. Mahomet, accroupi à l'intérieur, bénit les pigeons qui lui avaient été d'une si grande aide. Jusqu'à aujourd'hui, ces oiseaux sont considérés comme sacrés sur le territoire de La Mecque; des volées de pigeons habitent les alentours de la Kaaba et personne ne pourrait leur faire du mal.

Le soir du troisième jour, le fils d'Abu Bakr, Abdallah, leur rapporta que les Quraychites avaient abandonné les recherches pour le moment, persuadés que Mahomet leur avait échappé. Il était temps de fuir! Attendre encore aurait été imprudent car un voyageur pouvait à tout moment découvrir un indice le menant vers les fugitifs. Abdallah reçut donc l'ordre de tout préparer pour la nuit suivante. Aussitôt que la nuit serait tombée, le serviteur d'Abu Bakr et le guide devaient apporter les chameaux en haut de la montagne et attendre aux alentours de la grotte.

Ce dernier jour d'attente fut probablement très long! Après le coucher du soleil, la fille d'Abu Bakr, Asma, se rendit à la grotte et apporta des provisions pour le voyage. Tout était prêt. Le destin de l'islam ne tenait qu'à un fil, cette nuit où le Prophète quitta sa cachette. Sa tête avait été mise à prix, et il comptait sur l'obscurité et la rapidité de son chameau pour le délivrer de ses ennemis!

Mahomet et le guide montèrent un chameau nommé « al-Qaswa », ou Oreilles coupées, et Abu Bakr emmena son serviteur avec lui sur l'autre chameau. Al-Qaswa devint célèbre dans l'histoire de l'islam et accompagna le Prophète dans nombre de ses batailles et lors de son dernier pèlerinage à La Mecque, ce que vous découvrirez au fur et à mesure.

Après être descendus de la montagne, les fugitifs s'en allèrent vers l'ouest en direction de la mer Rouge, restant ainsi éloignés des environs de La Mecque. Ils filèrent à toute allure jusqu'au lever du jour et tombèrent sur un campement de Bédouins Les Bédouins sont des Arabes nomades qui vivent uniquement dans des tentes, qu'ils déplacent dans divers endroits, en fonction des saisons. Ils sont toujours prêts à accueillir les étrangers ce sont les personnes les plus accueillantes qui puissent exister. Quand Mahomet et ses compagnons passèrent par le campement, une femme arabe, assise devant sa tente, leur offrit un verre de lait, ce dont ils furent extrêmement reconnaissants. Mais les personnes recherchées ne peuvent se reposer bien longtemps ainsi, les voyageurs reprirent bientôt leur chemin vers le nord, sans répit jusqu'au coucher du soleil, excepté lors d'une courte halte à la mi-journée.

C'était la période la plus chaude de l'année, le désert ressemblait à une fournaise ardente et la lumière éblouissante était insupportable. Rien n'est comparable à la chaleur infernale et brûlante du désert en plein été. Mais les fugitifs ne pouvaient se reposer avant de s'être suffisamment éloignés de La Mecque, car les espions des Quraychites n'étaient sûrement pas loin derrière ! Évitant les routes des caravanes, ils traversèrent des collines escarpées, des lits de rivières et des vallons secs, car les collines et vallées du désert sont aussi fertiles que le reste de la région. Ils avaient parcouru de nombreux kilomètres ce premier jour de fuite et, à l'approche de la soirée, les voyageurs joignirent la route de caravanes entre La Mecque et Yathrib, se considérant hors de danger. Cela faisait peu de temps qu'ils avaient rejoint cette route quand ils aperçurent un cavalier galopant furieusement vers eux. Il s'agissait d'un éclaireur des Quraychites qui retournait à La Mecque. Étant tout seul contre quatre, il fut incapable d'arrêter les fugitifs et promit même de ne pas les trahir s'ils l'autorisaient à continuer son chemin en paix.

Plus tard, les voyageurs rencontrèrent une caravane appartenant à Talha, un cousin d'Abu Bakr. Il venait de Syrie et avait, parmi sa marchandise, quelques vêtements faits de tissu blanc fin. Il en donna un à son cousin et un au Prophète, se réjouissant que ce dernier soit hors d'atteinte de ses ennemis.

La distance qui sépare La Mecque de Yathrib équivaut à peu près à celle entre Londres et Édimbourg, mais voyager entre les villes arabes est un périple long et difficile ; les caravanes mettent généralement onze jours à faire ce trajet. Mahomet et ses compagnons avaient avancé à une telle vitesse qu'au matin du huitième jour ils observèrent, depuis le sommet de la chaîne montagneuse, les jardins et les palmeraies de Yathrib.

Le tendre vert des dattiers devait paraître magnifique aux yeux des voyageurs exténués ! Après toutes les épreuves de la fuite — la chaleur étouffante, la soif, le sommeil et la peur constante d'être poursuivis — ils apercevaient enfin le salut !

Les musulmans de Yathrib avaient longtemps attendu l'arrivée du Prophète, et certains d'entre eux montaient tous les jours au sommet d'une colline dans l'espoir d'apercevoir les fugitifs. « Le Prophète du Seigneur doit vagabonder si longtemps pour protéger sa vie ! », s'exclamaient-ils. Jour après jour, ils étaient rentrés, déçus, à la ville. Mais un jour, un juif qui se tenait sur une tour d'observation aperçut les deux chameaux descendant la rangée de collines opposée, suivant la route menant à Quba, un village situé à environ cinq kilomètres de Yathrib. L'heureuse nouvelle se répandit vite et lorsque Mahomet descendit de son chameau dans les palmeraies ombragées de Quba, il trouva nombre de ses amis qui l'attendaient déjà.

C'était un endroit charmant, ce village niché parmi des vergers pleins de fruits et ombragés par les dattiers plumeux. Personne ne sait apprécier la verdure et l'eau courante comme ceux qui ont connu les privations du désert.

Mahomet attendit Ali à Quba ; son fidèle cousin avait risqué sa propre vie afin de faciliter la fuite du Prophète. La joie de Mahomet fut immense lorsque, le troisième jour, Ali arriva après avoir voyagé à pied depuis La Mecque.

C'est ainsi que se déroula la fuite, ce grand événement dans l'histoire de l'islam. Le Prophète d'Arabie était en sécurité parmi ses amis. Le calendrier des mahomédiens commence à partir de cette fuite, ou l'Hégire. Le mot hégire (hijra en arabe) signifie fuite. L'an 1 de l'hégire est donc celui où Mahomet s'enfuit de La Mecque. Cet événement eut lieu en l'an 622 de l'ère chrétienne.

La Ville du Prophète

La ville dans laquelle Mahomet prit refuge était connue sous le nom de Yathrib, mais lorsque le Prophète l'honora en en faisant sa maison, elle reçut un nouveau nom : Madīnatu an-Nabî, la ville du Prophète, ou simplement Médine, qui signifie « la ville », en arabe. Nous utiliserons donc désormais ce nouveau nom.

Aussitôt que les habitants de Médine surent que le Prophète se trouvait à Quba, nombre d'entre eux s'en allèrent l'accueillir et l'invitèrent à entrer dans leur ville. C'est le vendredi matin, quatre jours après son arrivée, que Mahomet monta sur sa chamelle, Al-Qaswa, et longea les palmeraies ombragées en direction de sa nouvelle maison. De nombreux chefs de Médine étaient venus l'escorter et de grandes foules s'étaient formées pour voir le nouveau Prophète dont elles avaient tant entendu parler. Les gens de l'Est portent de belles couleurs vives : du bleu foncé, du orange et du rouge cramoisi flamboyant—des tenues bien différentes que celles portées dans l'Ouest, où de nombreuses personnes s'habillent dans des tons noirs ou gris. Certains chefs portaient des armures scintillantes à la lumière du soleil et le cortège paraissait festif : cela ressemblait plus à l'escorte d'un conquérant qu'à celle d'un exilé.

Aux environs de midi, à l'heure de la prière, le cortège s'arrêta et Mahomet mena les prières et prêcha auprès de l'auditoire. Il y a maintenant une mosquée à l'endroit ou cela s'est produit, connue comme la « mosquée du vendredi ». Le vendredi fut plus tard choisi comme un jour particulier, consacré au service de Dieu, comme le dimanche dans la chrétienté.

Alors que Mahomet entrait dans Médine, il était assailli de toutes parts par les invitations des fidèles, le pressant de descendre et d'entrer dans leurs maisons. Certains avaient si hâte d'offrir une maison et un refuge au Prophète qu'ils saisirent la bride d'Al-Qaswa. Mais Mahomet, peut-être par crainte de créer des jalousies en favorisant l'un d'eux, déclara :

« La chamelle décidera, libérons-la » et, lâchant les rênes d'Al-Qaswa, il la laissa choisir son propre chemin. Elle se tourna immédiatement vers l'est de la ville et arriva dans un grand espace ; elle s'agenouilla, étira son cou sur le sol et refusa d'aller plus loin. Mahomet accepta ce signe et descendit. « Ce sera ici, si le Seigneur le veut bien ! », s'exclama-t-il. À l'endroit précis où Al-Qaswa s'agenouilla se trouve maintenant la chaire de la mosquée du Prophète. Mais à cette époque, ce bout de terre était irrégulier et abandonné. Une partie avait été utilisée comme cimetière et il était envahi par des buissons épineux et recouvert d'ordures. Il appartenait à deux frères auxquels Mahomet l'acheta afin d'y construire une mosquée.

Peu après son arrivée à Médine, Mahomet fut rejoint par sa femme Sauda et ses deux plus jeunes filles, Fatima et Umm Kulthum. Elles voyagèrent depuis La Mecque avec la famille d'Abu Bakr, et les Quraychites les avaient autorisées à quitter la ville en paix. La seconde fille du Prophète, Ruqayya, qui avait émigré en Abyssinie, était déjà à Médine avec son époux Othman.

Le premier travail entrepris fut la construction du lieu de culte, ou la mosquée, à laquelle tous les musulmans participèrent. Il y avait de nombreux exilés de La Mecque qui avaient fui les persécutions des Quraychites. Ils étaient connus comme les Muhadjirs, ou réfugiés, alors que les citoyens de Médine, qui étaient des convertis, étaient appelés Ansârs, ou protecteurs. Les mots arabes pouvant être difficiles à retenir, nous utiliserons les termes français : réfugiés et protecteurs. Ils s'unirent donc tous afin de participer à la construction. Le sol fut aplani et les buissons épineux arrachés. Les quelques palmiers poussant sur un côté de l'enceinte furent coupés et leurs troncs servirent de piliers pour soutenir le toit de la mosquée, qui était recouvert de feuilles de palmiers. Les murs étaient faits de pierre brute et de terre crue. Il s'agissait d'un bâtiment très simple. Il fut agrandi et embelli dans les années qui suivirent et de nos jours, une magnifique mosquée recouvre l'endroit où Mahomet érigea le premier lieu de culte modeste, où il passa les dernières années de sa vie, mourut et fut enterré.

Les ouvriers travaillaient en chantant une chanson triste et monotone, comme les chants de l'Est paraissent généralement aux oreilles occidentales. Ils chantaient :

« Ô Seigneur, le bonheur n'existe qu'au paradis,
Alors aie pitié des protecteurs et des réfugiés ! »

Mahomet chantait également, en travaillant de ses propres mains. La mosquée fut terminée en six ou sept mois et l'islam possédait alors un lieu de culte où tous les fidèles pouvaient se réunir en paix. Les constructeurs de cette première mosquée ne savaient pas que quelques centaines d'années plus tard, les dômes et minarets de l'islam se répandraient sur toutes les terres de l'Est, et même sur les côtes lointaines au-delà de l'Atlantique ! En entrant dans les splendides mosquées d'Inde ou de Constantinople, pavées de marbre ou de mosaïques et aux murs incrustés de pierres précieuses, nous nous souvenons de la grande foi de ces premiers constructeurs qui, avec de la terre crue et des bouts de pierre non taillée, bâtirent les murs du premier lieu de culte musulman. La mosquée du Prophète n'avait aucun ornement ni décoration. Ce ne fut que bien plus tard que les belles formes géométriques que nous appelons « arabesques » commencèrent à être utilisées. Ces dernières remplacent les peintures. Vous ne verrez jamais d'images ou de représentations dans une mosquée, car le Prophète a interdit à ses fidèles toutes images gravées ou portraits, de quoi que ce soit existant sur terre ou au paradis.

Aucune religion n'a autant mis l'accent sur le devoir de prier que l'islam. « Soyez constants dans vos prières », déclara le Prophète, « car la prière préserve l'homme des crimes… et la mémoire de Dieu est bien entendu un devoir des plus importants. » Mahomet se joignait à ses fidèles afin de prier cinq fois par jour. 1. Avant le lever du jour. 2. Lorsque le soleil commençait à décliner. 3. Dans l'après-midi. 4. Peu de temps après le coucher du soleil. 5. À la nuit tombée. Ce sont les horaires de prières que tout bon musulman doit observer, mais nombre d'entre eux suivent l'exemple de leur Prophète et prient également à d'autres moments. Il est écrit « Célèbre les louanges de ton Seigneur avant le lever et après le coucher du soleil, célèbre-le pendant la nuit. »

Après un temps, ils commencèrent à se demander comment les fidèles devaient être appelés à prier. Les juifs jouaient de la trompette devant leurs synagogues, les premiers chrétiens utilisaient des maillets en bois qu'ils frappaient contre des panneaux de bois ou de fer, mais aucune de ces méthodes ne fut adoptée. Après une longue discussion, il fut décidé que les horaires de prière seraient annoncés par un crieur, ou muezzin en arabe. Le premier crieur musulman fut Bilal, l'esclave abyssinien qui avait si courageusement subi les persécutions des Quraychites. Bilal avait une voix très puissante qui convenait avec son poste de muezzin. Prenant place sur le toit de la haute maison près de la mosquée, il appelait les fidèles à la prière en disant : « Dieu est grand, il n'est d'autre dieu que le Seigneur. Mahomet est l'apôtre de Dieu. Venez prier, venez obtenir le salut. Dieu est grand, il n'est d'autre dieu que le Seigneur ! » Avant la prière de l'aube, il ajoutait « Prier est mieux que dormir. »

En visitant les pays de l'Est, vous remarquerez les tours, hautes et longues, attachées à presque chaque mosquée. Ce sont des minarets. Ce mot est dérivé d'un mot arabe signifiant « phare », car la forme de ces tours fut inspirée de celle de l'ancien phare d'Alexandrie. À l'intérieur du minaret, un escalier mène vers une petite galerie qui donne sur le nord, le sud, l'est et l'ouest. C'est ici que le muezzin annonce les heures de prière. Lorsqu'il appelle fidèles à prier par les mêmes mots utilisés par Bilal au début de l'islam, le son du chant lent et monotone est perceptible à une distance très lointaine.

Il n'est pas nécessaire d'aller à la mosquée pour prier ; les prières peuvent être faites n'importe où. Ainsi, vous pourrez voir des musulmans prier dans la rue, dans le désert, dans une gare, où qu'ils se trouvent à l'heure de la prière.

Quand la mosquée de Médine fut terminée, Mahomet construisit deux maisons, ou cabanes, contigües au mur situé à l'Est et donnant sur la cour. Ces cabanes faites de terre crue étaient destinées à la femme du Prophète, Sauda, et à la femme qu'il allait bientôt épouser. Il a toujours été coutume dans les pays orientaux (ainsi que parmi les juifs) qu'un homme ait plusieurs femmes. La future femme de Mahomet, Aïcha, la fille d'Abu Bakr, était très belle. Elle était également pleine d'esprit et amusante et, bien qu'elle ne fût qu'un enfant au moment de se marier, elle gagna toute l'affection du Prophète et demeura sa femme préférée jusqu'à la fin de ses jours. Aïcha était si jeune quand elle devint la femme du Prophète qu'il l'amusait parfois en faisant la course avec elle. Leur mariage fut célébré dans la plus grande simplicité, le festin étant du lait. En effet, le foyer du Prophète fut toujours simple et frugal ; même lorsqu'il obtint un grand pouvoir, il ne vécut jamais dans un palais luxueux. Il raccommodait ses propres chaussures et vêtements, trayait ses chèvres et aidait souvent ses femmes dans leurs tâches ménagères. Le lit du Prophète était un matelas en cuir fourré de feuilles de palmiers, posé sur le sol. Il mangeait généralement des dattes et du pain d'orge, et s'autorisait parfois le luxe de prendre du lait et du miel. Il donnait si généreusement aux pauvres qu'il lui restait peu pour satisfaire ses propres besoins. Aïcha, parlant de lui des années après cette période, dit que la famille du Prophète était souvent privée de feu pour cuisiner et ne mangeait que rarement de la viande, sauf si elle était envoyée par des amis.

Au début de leur vie à Médine, les réfugiés subirent de nombreuses épreuves. Ils étaient terriblement pauvres car, ayant abandonné leur maison et travail à La Mecque, il leur était difficile de gagner leur vie. Abu Bakr, ancien grand marchand, vendait des vêtements dans le bazar. Othman, le beau-fils du Prophète, devint vendeur de fruits et ils faisaient tous de leur mieux pour gagner suffisamment d'argent pour couvrir leurs besoins quotidiens. Les protecteurs faisaient tout pour aider leurs frères plus démunis ; voyant la faim sur le visage du Prophète, ils l'invitaient souvent à manger ou lui envoyaient de la nourriture en cadeau. Mais Mahomet partageait toujours la nourriture qui lui était donnée avec « les gens de l'abri », comme étaient appelés les plus pauvres des réfugiés, qui n'avaient d'autre toit qu'un abri dans la cour de la mosquée.

En plus de leur pauvreté, les réfugiés eurent une épreuve à surmonter : ils furent sérieusement affectés par le changement de climat et souffrirent de violentes poussées de fièvre. La vallée de La Mecque est chaude et étouffante, alors que Médine, située au bord d'un haut plateau, est exposée aux vents glaciaux et tempêtes de l'Est. Il pleut durant la moitié de l'année et les alentours de la ville sont souvent inondés. Les hivers sont d'un froid intense. À ce sujet, Mahomet déclara un jour que « celui qui endure le froid de Médine et la chaleur de La Mecque mérite une récompense au paradis.» Il n'est pas étonnant que les réfugiés aient ressenti le grand changement de climat. Un jour, ils étaient si nombreux à souffrir des effets de la fièvre que Mahomet était quasiment la seule personne capable de se lever durant les prières. Que ses fidèles aient eu la volonté de subir cela en dit long sur la sincérité du Prophète car aucun homme n'aurait pu inspirer une foi si forte chez les autres sans être lui-même un fervent croyant de la cause qu'il prêchait.

Chaque vendredi, il y avait un service spécial à la mosquée et beaucoup venaient écouter le sermon hebdomadaire du Prophète. Tentons de visualiser un de ces premiers rassemblements de l'islam. Diverses populations aux principes différents sont présentes dans ce bâtiment irrégulier au toit recouvert de feuilles de palmiers ; en effet, en plus des réfugiés et des protecteurs qui ont prêté serment d'allégeance à leur foi, il y a des juifs, attirés par la curiosité d'entendre le « nouveau Prophète » , dont l'enseignement a tant perturbé la paix de La Mecque ; il y a également des Abyssiniens noirs, des Perses d'Irak et peut-être quelques Arabes chrétiens de Syrie et de Palestine. Au-dessus du vacarme des rues de la ville, on entend le cri portant de Bilal, « Allahu akbar, Dieu est grand. Il n'est d'autre dieu que le Seigneur. Venez prier, venez obtenir le salut.» Lorsque tout le monde est rassemblé, le Prophète entre en saluant comme il en est coutume chez les musulmans, « Que la paix soit avec toi. » Pendant les prières, il se tient dos aux autres, regardant vers La Mecque ; et ses fidèles, en rangs derrière lui, répètent les prières, s'agenouillant et s'inclinant vers le sol, imitant leur Prophète à la perfection.

Avant que la chaire n'existe, Mahomet s'appuyait sur un poteau pour prêcher. Certains de ses sermons ont été transmis par tradition ; l'un d'eux concerne la charité et contient la parabole suivante : « Quand Dieu créa la terre, il y plaça des montagnes pour la rendre ferme. Et les anges demandèrent, "Ô Dieu, y a-t-il dans Ta création quelque chose de plus fort que les montagnes ?" Dieu répondit, "Oui, le fer est plus fort que les montagnes car il les rompt !" "Et y a-t-il quelque chose de plus fort que le fer ?" "Oui, le feu est plus fort que le fer car il le fait fondre !" "Y a-t-il dans Ta création quelque chose de plus fort que le feu ?" "Oui, l'eau, car elle éteint le feu." "Y a-t-il quelque chose de plus fort que l'eau ?" "Oui, le vent, car il emporte l'eau et la fait bouger." "Ô notre Soutien", dirent les anges, "y a-t-il dans Ta création quelque chose de plus fort que le vent ?" Et Dieu répondit, "Oui, un homme bon donnant l'aumône, s'il donne avec sa main droite sans que sa main gauche ne le sache, car il l'emporte sur tout !"»

Par la charité Mahomet entendait toute bonne action envers autrui, comme aider les aveugles, retirer les pierres et épines de la route, donner de l'eau à ceux qui ont soif : tout acte de bonté. Il insista également sur la bonté de la parole : un jour qu'un nouveau converti demanda à Mahomet de lui donner une règle spéciale à suivre comme ligne de conduite, il répondit « Ne parle mal de personne. » « Jusqu'à aujourd'hui », affirma le converti, « je n'ai jamais insulté personne, ni homme libre, ni esclave. » Mais le Prophète n'enseignait pas seulement la charité envers autrui, il considérait la bonté envers les animaux tout aussi importante car ils sont, comme l'explique le Coran, « un peuple comme vous-mêmes. » Les chameaux et autres bêtes de somme ne devaient pas être maltraitées. « Crains Dieu dans ta façon de traiter les animaux » déclara le Prophète, « monte-les quand ils sont plein d'énergie et descends-en quand ils sont fatigués. » Un jour, un homme lui apporta quelques jeunes oiseaux qu'il avait attrapés dans une forêt alors que leur mère était désespérée de s'être fait voler ses petits. Mahomet dit à l'homme de rapporter les oiseaux où il les avait trouvés et de les laisser à leur mère. En parlant du bon traitement des animaux, Mahomet raconta un jour l'histoire d'une femme qui avait trouvé un chien quasiment mourant de soif près d'un puits. Elle avait été mauvaise mais elle avait de la compassion pour le pauvre chien et retira sa botte, l'attacha au bout de son vêtement et la laissa tomber dans le puits afin de remonter de l'eau pour le chien. Le Prophète affirma que grâce à cet acte de bonté, les péchés de la femme furent pardonnés.

Il est incroyable que Mahomet, né d'une race féroce et guerrière, d'un peuple s'adonnant à maintes pratiques cruelles, fût aussi soucieux de la compassion. Il remerciait Dieu d'avoir pourvu le cœur des hommes de la compassion envers les autres, car quel monde terrible serait le nôtre, disait le Prophète, si les hommes n'avaient aucune compassion dans leur cœur. De toutes les qualités, il considérait que la compassion était la plus pieuse, et tous les chapitres du Coran, sauf un, commencent par cette invocation : « Au nom de Dieu clément et miséricordieux. »

Mahomet le Législateur

Médine avait connu beaucoup de perturbation durant de nombreuses années ; il y avait tellement de clans rivaux qu'il était impossible d'établir un gouvernement stable. Les querelles et jalousies entre les deux tribus principales, les Aws et les Khazraj, menaçaient constamment de plonger la ville dans une guerre. Mais maintenant qu'autant de membres de ces tribus avaient prêté serment d'allégeance à Mahomet, leurs vieilles querelles étaient presque oubliées, et si un conflit survenait, il était amené auprès du Prophète, qui prenait une décision. En plus de diriger ses fidèles dans des sujets religieux, Mahomet finit donc par agir également en tant que juge et législateur. Du fait de l'instabilité de Médine, administrer la justice requérait sagesse et fermeté, mais Mahomet convenait à cette tâche. Et quand, plus tard, il démontra qu'il possédait toutes les qualités d'un homme d'état, son pouvoir augmenta et ses fidèles lui obéirent comme à un roi.

De nombreux juifs étaient venus à Médine après avoir été chassés de leur propre pays par des envahisseurs étrangers. Ils s'installèrent principalement dans la périphérie de la ville, où ils possédaient plusieurs forteresses et bastions. Étant très riches, ils avaient, à certains moments, atteint un très grand pouvoir et opprimé leurs compatriotes, car des conflits avaient fréquemment surgi entre les tribus juives et arabes.

Quand Mahomet vint à Médine pour la première fois, il fit de son mieux pour persuader les juifs de le reconnaître comme leur Prophète. Il croyait aux textes sacrés juifs et considérait qu'il suivait les traces des anciens prophètes, en prêchant le vrai Dieu et en dénonçant l'idolâtrie. Mahomet se référait aux juifs comme le « peuple du Livre », signifiant que le mot Dieu apparaissait dans leurs textes sacrés, contrairement aux Arabes païens qui n'avaient eu aucune révélation écrite. Le même titre fut donné aux chrétiens et Mahomet respectait profondément le nom du Christ, il le considérait comme le plus grand prophète qui l'ait précédé.

Au début de l'islam, plusieurs des instructions étaient tirées de la religion juive. En priant, les juifs se tournaient vers Jérusalem, et pendant les premiers mois après son arrivée à Médine, le Prophète suivit cet exemple. Il changea plus tard l'orientation de la prière et ordonna à ses fidèles de se tourner vers la Kaaba de La Mecque, l'ancien sanctuaire d'Arabie, rendu doublement sacré de par son association avec le patriarche Abraham. Selon les historiens arabes, Abraham reconstruisit la sainte Kaaba avec l'aide de son fils Ismaël. Dans les premières mosquées, il y avait un grand bloc de pierre marquant l'orientation vers La Mecque afin que les fidèles sachent dans quelle direction se tourner pour prier. Plus tard, l'orientation de la prière, ou Qibla, fut indiquée par une niche dans le mur. Chaque mosquée contient cette niche ou alcôve, souvent joliment décorée et incrustée de pierres précieuses. Aujourd'hui, des millions de musulmans pieux se tournent, à l'heure de la prière, vers l'endroit qui leur est le plus sacré sur terre, l'ancienne Kaaba de La Mecque.

Quand les musulmans s'installèrent pour la première fois à Médine, ils reçurent l'ordre d'observer le jeûne expiatoire, mais le Prophète instaura dans les années qui suivirent le jeûne du ramadan pour remplacer le jeûne juif. Mahomet fit de son mieux pour concilier juifs et musulmans. Peu de temps après son arrivée à Médine, il signa un traité avec eux. Cette charte stipulait que les juifs devaient être considérés comme des croyants. Ils avaient, toutefois, la liberté de pratiquer leur propre religion. « Les juifs pratiqueront leur religion et les musulmans pratiqueront la leur. » Si Médine était menacée par un ennemi, les deux devaient s'allier pour défendre la ville. Personne n'était autorisé à s'unir aux Quraychites ou à leurs alliés, car les hommes de Médine étaient soudés contre tous les ennemis de l'État. Les juifs vécurent en bons termes avec Mahomet pendant un temps, mais ils devinrent jaloux du pouvoir croissant des musulmans et finirent par devenir certains des pires ennemis du Prophète. Il y avait un troisième groupe à Médine, constitué de ceux qui souhaitaient s'allier aux gagnants ; ceux qui ne prenaient pas parti. Ces hommes n'avaient pas le courage de se joindre aux musulmans, mais n'osaient pas non plus s'opposer à eux. Ils se ralliaient parfois au Prophète, et d'autres fois complotaient contre lui. Mahomet éprouvait un grand mépris pour les hypocrites, comme ils étaient appelés ; il les dénonce dans le Coran lorsqu'il dit que ceux qui pratiquent une religion avec leurs lèvres mais la renient dans leurs cœurs doivent souffrir à l'étage le plus bas de l'enfer. Il y avait donc trois différents groupes à Médine : les musulmans, les juifs et les hypocrites ; et il doit avoir été difficile souvent de maintenir la paix entre eux.

Au cours de ses deux premières années à Médine, il imposa de nombreuses règles qui sont toujours observées par ses fidèles. Elles sont expliquées dans les chapitres du Coran, qui furent écrits à cette époque. Le Coran ne fut pas écrit comme un livre complet. Du jour où il contempla l'image de l'ange sur le mont Hira et presque jusqu'au jour de sa mort, Mahomet continua d'écrire ou de dicter son livre, petit à petit, dès que cela était possible. Le contenu du Coran est très varié : certains chapitres sont de courtes déclarations prophétiques, pleines de beauté et de poésie, alors que d'autres contiennent de longues explications concernant les devoirs du croyant et sa relation avec autrui. Le matériel d'écriture n'était pas commun en Arabie au XVIIème siècle et les chapitres du Coran étaient souvent écrits sur des feuilles de palmiers, des bandes de cuir, des omoplates de moutons ; tout ce qui était à portée de main. Les chapitres ne furent organisés dans un ordre particulier qu'après la mort du Prophète.

Nous avons mentionné le jeûne du ramadan. Ramadan est le nom du neuvième mois de l'an arabe et le Prophète ordonna à ses fidèles de jeûner durant ce mois, de ne pas manger ni boire, à partir de l'aube jusqu'au coucher du soleil. Certains racontent que le ramadan était observé comme mois de jeûne par les anciens Arabes. Cela est probable étant donné que Mahomet a préservé de nombreuses coutumes anciennes de ses compatriotes n'étant aucunement liées à l'idolâtrie. Les mois de l'an arabe sont des mois lunaires, c'est-à-dire qu'ils correspondent aux changements de la lune, et une année composée de douze mois lunaires est plus courte que notre année solaire. Le Nouvel An arabe ne se produit donc pas toujours à la même saison, comme notre Nouvel An, et avec le temps, les mois d'été deviendront des mois d'hiver, et inversement. Lorsque le ramadan tombe en été, cela est très dur pour les habitants des pays chauds comme l'Inde car les musulmans pieux ne peuvent même pas boire une goutte d'eau pendant toute la journée.

Parmi les règles du Prophète, il était interdit de boire du vin. Les Arabes idolâtres s'autorisaient souvent librement à en boire et c'est un jour que l'un des musulmans s'en alla prier alors qu'il n'était pas sobre que Mahomet interdit aux fidèles de boire toute liqueur enivrante. Tous les jeux de chance, comme ceux de cartes ou de dés, furent également interdits, et les musulmans n'étaient pas non plus autorisés à prêter de l'argent avec intérêts.

L'hygiène personnelle était très importante. Certains nettoyages devaient être exécutés avant chacune des prières quotidiennes et c'est pourquoi vous verrez toujours un réservoir d'eau dans la cour des mosquées. Dans le désert, il est autorisé d'utiliser le sable pour se nettoyer, à la place de l'eau. Lorsqu'un musulman s'apprête à prier, il déplie un petit tapis sur lequel il s'agenouille car non seulement son corps doit être propre, mais également tout ce qu'il touche durant la prière. Le nettoyage des dents est également mentionné dans le Coran comme un devoir nécessaire et chaque musulman doit pouvoir se nettoyer avec un cure-dent .

De tous les devoirs du musulman, l'aumône fait partie des plus importants. La véritable charité est atteinte, dit le Prophète, lorsqu'un homme abandonne ses biens préférés. Certains hommes dévots, tel qu'Abu Bakr, abandonnèrent presque tout ce qu'ils avaient.

Au cours des six premiers mois suivant l'émigration vers Médine, le Prophète et ses fidèles n'avaient pas été perturbés par la peur d'une attaque de leurs vieux ennemis, les Quraychites. Mais cette paix ne dura pas. Les Quraychites avaient des relations commerciales avec les juifs de Médine et ces derniers, bien qu'ils aient signé un traité avec le Prophète, leur procuraient des informations concernant le nombre et la puissance des musulmans. À ce moment-là, les habitants de La Mecque commencèrent à envoyer des escortes armées avec leurs caravanes syriennes. De son côté, le Prophète adopta progressivement une attitude plus guerrière envers ses vieux persécuteurs. Au début de sa mission de prophète, il avait ordonné à ses fidèles de supporter les reproches de leurs ennemis avec soumission et patience mais, au fil du temps, les persécutions s'aggravèrent et un esprit de résistance apparut. Même avant de quitter La Mecque, Mahomet avait annoncé dans le Coran que les musulmans étaient autorisés à prendre les armes contre les non-croyants qui les persécuteraient injustement et qui chasseraient les gens de leur maison seulement pour avoir dit « Notre Seigneur est Allah. »

Lorsque nous condamnons le Prophète pour avoir utilisé l'épée pour défendre sa cause, nous devons rappeler les circonstances de sa situation. Né d'une race de guerriers, ses ancêtres avaient, durant de nombreuses générations, été habitués à brandir leur épée afin de protéger leurs droits. Il n'existait aucun gouvernement stable en Arabie et les tribus faisaient généralement leur propre loi, au final, la plupart des querelles se réglaient par l'usage de l'épée. Nous devons également nous souvenir que c'est à cause des cruelles persécutions des Quraychites que les réfugiés vivaient en tant qu'exilés dans une ville étrangère, subissant la pauvreté et les épreuves, privés de leur maison. Il semble donc légitime que Mahomet, entouré d'un groupe de fidèles croissant, prêts à lui obéir même au péril de leur vie, ait souhaité punir ses ennemis. Le moment était venu de mettre à exécution les menaces de vengeance prononcées contre les Quraychites pour s'être obstinément refusés à écouter les avertissements du Prophète et pour avoir opprimé les vrais croyants.

C'est environ sept mois après son arrivée à Médine que Mahomet envoya sa première expédition contre les habitants de La Mecque. Un petit groupe de trente réfugiés s'en allèrent, menés par Hamza, oncle du Prophète, afin de détourner une caravane revenant de Syrie. Cette caravane, à la charge de l'ennemi de Mahomet, Abu Jahl, était gardée par trois cents hommes des Quraychites. Cependant, il n'y eut de bataille car un chef Bédouin, qui était ami des deux partis, s'interposa et les persuada de s'en aller en paix. Peu de temps après, plusieurs autres expéditions furent entreprises, trois d'entre elles menées par Mahomet lui-même ; mais soit ce n'était pas le bon moment et ils ne rencontraient jamais leurs ennemis, soit les caravanes étaient trop bien gardées pour être attaquées. Toutefois, du sang finit par être versé : un homme des

Quraychites fut tué et deux autres furent emmenés à Médine en tant que prisonniers. Ils furent plus tard échangés contre une rançon, mais l'un d'eux décida de rester à Médine et se convertit à l'islam.

Après ces événements, les musulmans et les habitants de La Mecque s'accordèrent sur le fait que ces différends ne pourraient se résoudre que sur le champ de bataille. C'est à ce moment-là que le Prophète dit à ses fidèles qu'il était de leur devoir de se battre contre les idolâtres, les ennemis de Dieu.

Bien que nous pensions que la religion doit nous enseigner la paix et non la guerre, nous ne pouvons qu'admirer la ferveur de ces premiers musulmans qui étaient prêts à donner leurs vies, leurs biens et tout ce qu'ils possédaient, au nom de leur foi. Comparés à leurs ennemis, ils n'étaient qu'une poignée d'hommes, mais Mahomet leur dit pourtant avec confiance que la victoire leur appartiendrait et que ceux qui tomberaient pour la cause de Dieu seraient récompensés au paradis.

Au début, les croyants luttèrent pour leur propre existence car, étant entourés de traîtres, s'ils ne s'étaient battu courageusement, leurs ennemis, bien plus nombreux qu'eux, les auraient vaincus. Plus tard, la guerre était menée directement contre les non-croyants afin d'éradiquer l'idolâtrie et d'établir la vénération du vrai Dieu sur terre. Effectivement, l'idolâtrie et l'islam n'auraient pas pu cohabiter car ils n'avaient rien en commun. L'islam s'accorde en plusieurs points avec le judaïsme et la chrétienté, et aucune de ces religions ne vénère des idoles. Les versets suivants du Coran furent écrits à cette époque : « Bats-toi pour la religion de Dieu contre ceux qui se battent contre toi, mais ne commets pas de péchés en les attaquant en premier. » « Bats-toi donc jusqu'à ce qu'il n'existe plus de tentation à l'idolâtrie et que la religion ne soit que celle de Dieu. Et s'ils arrêtent, alors ne sois pas hostile, sauf contre les oppresseurs. » « Il t'est ordonné de faire la guerre, même si cela peut être pénible pour toi. »

Il avait peut-être tort, mais Mahomet était fermement convaincu que les croyants, comme les anciens Israélites, devaient prendre les armes contre les idolâtres et soumettre ceux qui refusaient de reconnaître le vrai Dieu.

Le Jour de la Délivrance

L'un des grands événements de l'année à La Mecque était le départ de la caravane syrienne. Un service de caravane régulier avait été instauré par Hachim, l'arrière-grand-père du Prophète, car La Mecque était un important centre de commerce et exportait beaucoup de marchandises de valeur. Le cuir était l'un des articles les plus importants du commerce de La Mecque ; il était échangé contre de la soie ou autres biens coûteux, dans les marchés de Syrie et d'Irak et, de temps à autres, les caravanes de La Mecque allaient jusqu'en Égypte et en Mésopotamie. Non seulement les commerçants riches, mais presque tous les citoyens de La Mecque envoyaient des biens à ces marchés, de sorte que toute la ville se souciait de la sécurité des caravanes et s'inquiétait si elles mettaient du temps à revenir.

À l'automne de l'an 623, la grande caravane syrienne prit la route sous la charge d'Abu Sufyan, l'un des chefs de la tribu des Quraychites. Abu Sufyan était un fervent opposant de l'islam, un de ceux qui avaient conspiré pour la mort du Prophète. La caravane qu'il conduisait était grande et richement chargée, et nous pouvons imaginer la foule qui se serait rassemblée à la périphérie de la ville afin d'observer les longues files de chameaux frayant leur chemin vers la vallée rocheuse. Lorsqu'une tribu arabe est en guerre, ses caravanes risquent toujours d'être attaquées par l'ennemi. Abu Sufyan prit par conséquent de grandes précautions en s'approchant de Médine. Mais, bien qu'il ait été signalé que les musulmans étaient à sa poursuite, la caravane syrienne atteignit sa destination en toute sécurité. Trois mois plus tard, au printemps de l'an 624, cette caravane était sur le chemin du retour, mais, alors qu'il était toujours aux frontières de la Syrie, Abu Sufyan fut averti que ses ennemis étaient en train d'élaborer un assaut. Il envoya immédiatement un messager à La Mecque, demandant de l'aide, et continua son chemin avec précaution, le long des côtes de la mer Rouge. Arrivé à un endroit nommé

Badr, situé au sud-ouest de Médine, Abu Sufyan précéda la caravane afin de demander si des étrangers s'y étaient rendus. Quand on lui dit que deux hommes avaient été vus, laissant reposer leurs chameaux près d'un puits, il examina le sol avec attention, à la recherche d'une piste suspicieuse. Les Arabes étaient de bonnes sentinelles. Ses yeux vifs détectèrent rapidement de très petits noyaux de dattes au bord de la route. Cela éveilla immédiatement ses soupçons. « Les espions de Mahomet étaient ici ! », s'exclama-t-il en se hâtant de retourner dans la caravane. Vous vous demandez probablement pourquoi Abu Sufyan se mit sur ses gardes à la vue des noyaux de dattes. La raison était la suivante : les dattes de Médine sont beaucoup plus petites que celles qui poussent ailleurs en Arabie, et Abu Sufyan conclut ainsi que ces étrangers étaient forcément des espions de Médine. La suite nous dira s'il avait raison.

Pendant ce temps, le messager envoyé par Abu Sufyan avait voyagé avec hâte jusqu'à La Mecque. Arrivé hors d'haleine et haletant devant la Kaaba, il déchira sa chemise devant et derrière et s'assis à l'envers sur son chameau pour signaler qu'il apportait de mauvaises nouvelles. Les gens se rassemblèrent autour de lui et, lorsqu'il cria fort, « À l'aide, à l'aide, Ô Quraychites, votre caravane est poursuivie par Mahomet ! », une grande excitation surgit dans la ville. Il n'y avait pas de temps à perdre ; une armée fut rapidement formée par presque tous les hommes de la tribu et, en l'espace de trois jours, plus de mille hommes bien armés quittaient La Mecque, déterminés à détruire le pouvoir de l'ennemi une bonne fois pour toutes.

Il convient maintenant de s'intéresser aux événements à Médine. L'heure du retour de la caravane syrienne étant arrivée, Mahomet envoya deux réfugiés en éclaireurs pour rapporter des nouvelles de l'avancement de la caravane. Comme vous le savez, Abu Sufyan les suspectait d'avoir été présents près du puits à Badr. Le Prophète appela alors ses fidèles à s'armer contre les infidèles, leur promettant une grande récompense s'ils triomphaient. Mais il n'autorisa que les musulmans à l'accompagner ; certains citoyens de Médine étaient désireux de rejoindre son armée afin de profiter des pillages, mais Mahomet refusa leur aide, disant « Vous n'irez pas alors croyez et luttez. » Presque tous les réfugiés suivirent le Prophète.

Un de ceux qui restèrent était Othman, dont la femme Ruqayya (la fille de Mahomet) était gravement malade. En plus des réfugiés, qui étaient au nombre de quatre-vingts, de nombreux protecteurs rejoignirent la petite armée qui comptait au total trois cents cinq hommes. Il y avait soixante-dix chameaux, sur lesquels les hommes montaient chacun leur tour, et seulement deux chevaux !

Mahomet quitta Médine avec son armée, petite mais déterminée, le même jour où l'armée des Quraychites quitta La Mecque. Cette dernière, plus de trois fois plus grande que celle des musulmans, comptait sept cents chameaux et cent chevaux. Lorsque les habitants de La Mecque étaient en chemin pour Badr, ils rencontrèrent un autre messager apportant des nouvelles concernant la sécurité de la caravane qui était passée par un autre chemin. Les chefs se demandèrent alors s'ils devaient retourner à La Mecque ou continuer et attaquer les musulmans. Après discussion, le conseil du plus guerrier prévalut : l'armée continua et, arrivée à Badr, campa derrière de basses collines de sable.

Mahomet et ses fidèles se déplaçaient également vers Badr lorsque, au troisième jour de marche, ils eurent vent de la fuite de la caravane et de l'armée qui avançait pour les rencontrer. Le Prophète tint un conseil de guerre. Certains des chefs musulmans, comme Abu Bakr et Omar, encouragèrent un assaut immédiat, mais Mahomet souhaita donner aux citoyens de Médine le choix de rentrer s'ils en avaient envie, car leur serment d'allégeance ne les obligeait à se battre que pour défendre leur propre ville. Les protecteurs, néanmoins, ne changèrent pas d'avis. « Prophète du Seigneur » cria leur chef, « va où tu le désires, fais la guerre ou la paix comme tu le désires. Je jure par le Seigneur qui t'a envoyé que je te suivrai jusqu'à la fin du monde. Personne ne restera ! » « Avance donc avec la bénédiction de Dieu. » déclara le Prophète.

La vallée de Badr est délimitée par d'abruptes collines au nord et à l'est. Depuis ces collines coule un cours d'eau et plusieurs sources et puits irriguent le sol. Quand Mahomet descendit la vallée, il occupa les espaces proches des sources, où il monta son campement, tirant ainsi profit de l'eau. Les musulmans, fatigués par leur longue marche, dormirent paisiblement. Un petit abri fut construit de branches de palmiers pour

MAHOMET À LA BATAILLE DE BADR

le Prophète et Abu Bakr, et un des protecteurs tint la garde à l'entrée, une épée à la main.

Elle fut difficile, cette nuit précédant la bataille qui allait décider du destin de l'islam. La pluie tomba dans les torrents et des coups de vents froids balayèrent la terre désolée. Au petit matin, Mahomet interpela ses hommes et leur ordonna de se tenir prêts et d'attendre l'attaque de l'ennemi. Ils ne tardèrent pas à voir les hommes de La Mecque avancer sur les collines ensablées. L'inclinaison du terrain empêchait de les discerner tous en même temps et les musulmans imaginèrent l'armée ennemie bien plus petite qu'elle ne l'était en réalité. Mais le Prophète était tout à fait conscient du grand risque auquel s'exposait son armée et il se retira un moment dans son abri de branches de palmiers afin de prier sérieusement pour la victoire ; « Ô Seigneur, n'oublie pas Ta promesse de m'aider, car si cette petite armée périssait, il ne resterait plus personne pour Te vénérer et l'idolâtrie triomphera. »

L'ennemi se trouvait maintenant tout proche mais les musulmans se tenaient prêts, comme il le leur avait été ordonné. Il y eut un conflit pour la possession des puits mais la bataille ne devint pas générale. Les combats isolés étaient habituels dans les guerres arabes et trois guerriers se distinguèrent parmi l'armée de La Mecque, défiant chacun un musulman d'essayer sa force sur lui. L'un des musulmans qui s'avancèrent était vieil homme d'environ soixante-cinq ans, un autre était un puissant guerrier dans la fleur de l'âge et le troisième un jeune homme portant une plume blanche sur son casque pour se distinguer. Leurs traits n'étaient pas visibles, cachés par leur armure.

Les hommes de La Mecque demandèrent alors le nom de leurs opposants. « Je suis Hamza, le fils d'Abd al-Muttalib, surnommé "le lion de Dieu" répondit l'oncle du Prophète. Le nom du vieil homme était Ubayda et le jeune à la plume blanche était Ali, le fils d'Abu Talib et cousin de Mahomet. Les guerriers, face à face, attaquèrent avec furie. Hamza et Ali tuèrent leur homme mais Ubayda, après une violente rencontre, reçut des blessures et succomba quelques jours plus tard. Les deux armées s'engagèrent alors dans une lutte féroce pour la victoire et les deux firent preuve d'une bravoure prodigieuse. Ali se battit sans armure, montrant sa détermination à conquérir ou mourir. Les historiens arabes racontent l'une des nombreuses actions de désespoir qui eurent lieu en cette sombre et maussade journée sur le champ de bataille de Badr. Le Prophète, se déplaçant entre ses hommes, réveilla leur ferveur en leur rappelant la cause pour laquelle ils se battaient. Dieu était de leur côté, disait-il, et le paradis serait la récompense de ceux qui tomberaient. Les vents du paradis semblaient aider la cause des musulmans et de grandes rafales de vent chargées de tempêtes de pluie aveuglantes balayaient la vallée et la vue de l'ennemi. Gabriel, accompagné de mille anges, dévastait l'ennemi comme une tornade, dit le Prophète. Une autre tempête passa à toute vitesse : c'était Michel et ses anges venant à l'aide des vrais croyants. Puis le Prophète dit que Raphaël était en train de descendre avec une légion d'anges pour aider la cause de Dieu.

Le résultat de la bataille était toujours incertain lorsque Mahomet ramassa une poignée de gravier et la jeta en direction de l'ennemi. « Qu'ils soient saisis par la confusion ! » s'exclama-t-il. Ce fut le grand tournant de cette bataille : pour quelque raison que ce soit, les hommes de La Mecque commencèrent alors à faiblir, désormais incapables de résister aux assauts violents de leurs opposants.

Les Quraychites, étant en nombre supérieur, bien armés et disposant de chevaux, auraient dû avoir l'avantage sur leurs ennemis, mais les musulmans se battaient avec l'enthousiasme ardent de leur cause et encouragés par la présence de leur Prophète dans leurs actions de bravoure et de sacrifice : ils gagnèrent un avantage moral et c'est ce qui leur fit gagner la bataille.

L'armée des Quraychites battait en retraite, et prit bientôt la fuite. Gênés par le sable profond, alourdi par la pluie de la veille, nombre d'entre eux jetèrent leur armure afin d'échapper aux musulmans victorieux. Plusieurs des principaux chefs de La Mecque avaient été tués, dont Abu Jahl, le commandant de l'armée. En tout, quarante-neuf hommes étaient morts et beaucoup avaient été faits prisonniers, alors que les musulmans n'avaient perdu que quatorze hommes. Dans la précipitation, les Quraychites abandonnèrent leur campement, laissant de quoi piller aux gagnants, qui s'emparèrent de cent cinquante chameaux et de quatorze chevaux, en plus d'armes, d'armures, d'objets en cuir et de tapis. Un conflit apparut concernant la division du butin, car certains des hommes qui s'étaient distingués lors de la bataille disaient mériter une plus grande part que ceux qui étaient restés garder le campement. Mais Mahomet décida qu'ils devraient tous recevoir une part égale. Ses fidèles suivent toujours les règles établies par le Prophète, après la bataille de Badr, concernant la répartition du butin pillé lors de la bataille. Un cinquième était mis de côté pour la cause de Dieu (pour le Prophète et sa famille ou pour les pauvres et les orphelins, lorsque cela était nécessaire). Le reste était réparti en parts égales parmi ceux qui avaient pris part à la bataille, les cavaliers recevant une part supplémentaire.

La nuit tombait quand le butin avait été recueilli et il ne restait maintenant plus qu'à enterrer les décédés. C'est ainsi que se termina cette journée à Badr qui reçut le nom de «Jour du discernement». Des soixante-dix prisonniers des musulmans, deux furent exécutés sur ordre du Prophète, l'un d'eux étant un apostat. Le reste des prisonniers fut emmené à Médine et Mahomet ordonna à ceux qui s'en occupaient de les traiter avec bonté et tolérance. Cela allait à l'encontre des coutumes des guerres arabes et, dans les années qui suivirent, un de ces prisonniers bénit les hommes de Médine qui les avaient traités avec tant de considération, leur donnant leur meilleure nourriture et les laissant monter leurs chameaux alors qu'eux-mêmes marchaient. Les prisonniers furent ensuite échangés contre une rançon par leurs compatriotes de La Mecque. Plusieurs d'entre eux, qui se convertirent à l'islam, furent libérés sans paiement, et ceux dont les proches ne pouvaient se permettre de payer la rançon furent libérés à condition d'enseigner à dix garçons de Médine l'art de l'écriture.

Alors que l'armée victorieuse retournait à Médine, Saïd et un autre messager furent envoyés pour annoncer la bonne nouvelle avant leur arrivée. Saïd monta sur la chamelle favorite du Prophète, Al-Qaswa et se dépêcha d'arriver à la ville et, alors que les gens se rassemblaient avec excitation autour de lui, il cria que l'armée des Quraychites avait été complètement vaincue et qu'Abu Jahl, le pécheur, était mort.

Mahomet arriva le jour suivant mais il fut accueilli par la triste de nouvelle de la mort de sa fille, Ruqayya, qui venait d'être enterrée lorsque le messager était entré dans la ville pour annoncer la victoire.

Il est aisé d'imaginer le désarroi et la consternation des habitants de La Mecque lorsque leur armée rentra découragée et vaincue, sans certains des chefs les plus courageux et leurs bagages en possession de l'ennemi. Cela suscita une excitation et une furie intense dans la ville et les habitants jurèrent qu'ils ne pleureraient pas les morts avant de les avoir vengés.

Environ trois mois plus tard, Abu Sufyan s'en alla avec deux cents cavaliers afin de piller le territoire entourant Médine. Il espérait faire le trajet rapidement et atteindre son but avant que les citoyens de Médine n'en soient avertis. Il n'emporta aucun animal de charge car cela aurait ralenti la marche, et chaque cavalier portait un sac de nourriture sur sa selle. Dans une vallée fertile se trouvant à quelques kilomètres de Médine, les voleurs dévastèrent les champs de maïs et brûlèrent les palmeraies et les fermes, tuant deux des fermiers. Alors qu'ils se préparaient à partir, le Prophète lui-même apparut à la tête d'une armée et les hommes de La Mecque rebroussèrent chemin en fuyant, abandonnant leurs sacs de nourriture afin d'alléger la charge des chevaux. Les musulmans nommèrent cette rencontre, avec dérision, la Bataille des sacs de nourriture.

Les juifs et les tribus arabes qui s'opposaient au Prophète étaient une source constante d'inquiétude pour lui. Au cours de l'année suivant la bataille de Badr, la paix à Médine était sans cesse perturbée par les disputes et les révoltes et il y avait plus d'un complot contre le Prophète. D'autre part, plusieurs de ses ennemis déclarés furent abattus par ses fidèles qui croyaient, à tort, servir ainsi la cause de Dieu. Certains juifs ayant insulté une femme musulmane furent assaillis dans leur forteresse et, lorsqu'ils se rendirent, toute leur tribu fut bannie.

Quelques jours avant la bataille de Badr, la fille du Prophète, Fatima, fut promise à Ali et leur mariage eut lieu environ trois mois plus tard. Ali avait environ vingt ans et Fatima, à peine quinze ans. Ils eurent deux fils, Hassan et Hussein. Ce sont les seuls petits-fils du Prophète qui vécurent après sa mort. La même année, Mahomet épousa Hafsa, la fille veuve d'Omar.

Les musulmans n'avaient pas été dérangés à nouveau par leurs ennemis depuis la bataille des sacs de nourriture, mais les Quraychites n'avaient pas oublié leurs vœux solennels de venger la mort de leurs compatriotes à Badr. Des événements se préparaient à La Mecque, destinés à avoir une grande importance pour le petit groupe de croyants harcelés. Nous en parlerons dans le chapitre suivant.

La Bataille de Uhud

Alors que le Prophète se trouvait à la mosquée de Quba, un village situé à environ trois kilomètres de Médine, un messager de La Mecque lui donna une lettre scellée. Elle avait été envoyée par Abbas, l'oncle du Prophète, et révélait qu'une armée de trois mille hommes était sur le point de quitter La Mecque pour attaquer les musulmans. Comme vous le savez, Abbas n'était pas croyant mais il avait toujours été soucieux du bien-être de son neveu, et aujourd'hui il lui envoyait un message secret pour l'alerter du danger. L'armée qui s'apprêtait à entrer dans Médine était bien plus imposante que celle de la bataille de Badr, qui avait été vaincue par les musulmans.

Résolus à assouvir leur soif de vengeance, les hommes de La Mecque avaient utilisé tout l'argent volé à la caravane syrienne pour améliorer leur armée. Des messagers furent envoyés chez les tribus guerrières bédouines, les invitant à se joindre à eux. Dorénavant, les Quraychites disposaient d'un effectif de plus de trois mille hommes bien armés, dont sept cents d'entre eux portaient de la cotte de mailles. La cavalerie était composée de deux cents cavaliers choisis pour monter de bons chevaux—le reste montait des chameaux. Certaines femmes de La Mecque accompagnèrent l'armée en encourageant les combattants par des chants guerriers.

Dès que Mahomet eut fini de lire la lettre de son oncle, il se dépêcha de retourner à Médine. C'était en cas de danger imminent que ses pouvoirs de gestion et ses ressources étaient au meilleur de leurs capacités. Lorsqu'ils furent certains que les habitants de La Mecque s'étaient abrités dans la plaine surplombée par le mont Uhud, une montagne située à cinq kilomètres au nord de Médine, et qu'ils pillaient le pays en coupant le maïs pour nourrir leurs chevaux, la ville fut rapidement mise en état de défense.

Un débat eut alors lieu : valait-il mieux rester dans la ville, être prêt à se défendre en attendant l'attaque de l'ennemi, ou valait-il mieux sortir et risquer une guerre en extérieur ? Mahomet, avec les anciens et plus discrets des disciples penchèrent pour la première solution. Mais les plus jeunes, ne pouvant tolérer les ravages causés dans les champs de maïs, les exhortèrent à prendre des mesures plus radicales, ce que Mahomet finit par faire. Il mènera son armée hors de la ville pour attaquer l'ennemi. C'était un vendredi matin, la mosquée était pleine de fidèles écoutant le sermon hebdomadaire du Prophète, qui les appelait à se battre courageusement pour la cause de l'islam. S'ils restaient fermes, le Seigneur les aiderait à vaincre leurs ennemis, disait-il. Après la prière du soir, Mahomet mit son casque et sa cotte de mailles puis mena sa petite armée en direction du mont Uhud. À peine un millier d'hommes composait l'armée musulmane, mais suite à la désertion du leader des hypocrites avec ses trois cents fidèles, il ne restait que sept cents hommes pour se battre contre plus de trois mille hommes. Cette nuit-là, les deux armées campèrent ensemble, mais séparées par une arête de roche noire volcanique. En effet, ils étaient si proches que les musulmans pouvaient entendre les hennissements des chevaux du clan adverse.

Aux premières lueurs du jour, les musulmans avancèrent derrière un guide qui les mena à l'endroit le plus proche de la montagne. Alors que le soleil se levait sur les sommets sombres du mont Uhud, ils aperçurent l'ennemi. C'était l'heure de la prière et Bilal, élevant sa voix, prononça les paroles habituelles : « Dieu est grand, il n'y a d'autre dieu que le Seigneur. Mahomet est le messager de Dieu. Venez à la prière, venez trouver votre salut. Dieu est grand, il n'y a d'autre dieu que le Seigneur ! » Guidée par le Prophète, l'armée musulmane entière se mit à genoux, dans la prière, alors qu'elle était face à l'ennemi. Cela a sans doute été une scène étrangement impressionnante à voir.

Mahomet se plaça sur un morceau de terrain en élévation, avec en fond, les falaises du mont Uhud. À sa gauche, le mur de pierre s'était renversé, laissant une ouverture qui permettant à l'ennemi de forcer le chemin. Pour couvrir ce point faible, Mahomet plaça ses meilleurs archers sur une colline voisine, leur ordonnant de ne pas bouger de leur poste, quelque soit la tournure que prendrait la bataille.

L'armée de La Mecque était divisée en trois groupes : le centre serait dirigé par Abu Sufyan pendant qu'un Quraychite du nom de Talha porterait la bannière, car sa famille avait revendiqué le droit héréditaire de porter l'étendard de la tribu durant la bataille. L'aile gauche de l'armée serait commandée par un des fils d'Abu Jahl, et l'aile droite par un guerrier, qui acquit une grande renommée au cours des années suivantes. Il se prénommait Khalid. C'était un chef doué d'un courage à toute épreuve, et le héros de nombreux exploits audacieux.

En temps de guerres, les Arabes ont pour coutume de commencer par des combats individuels. Parmi l'armée de La Mecque, Talha, le porte-étendard, fut le premier à quitter les rangs, mais il ne revint jamais. L'épée d'Ali le transperça d'un coup, le laissant à terre, sans vie. Le frère de Talha se précipita au front, et saisissant l'étendard, défia le plus courageux des musulmans à venir se battre contre lui. Mais comme son frère, il tomba au combat, tué par l'épée d'Hamza, surnommé le lion de Dieu. Trois autres familles des porteurs d'étendards, de pères en fils, moururent également, l'une après l'autre, dans des combats individuels. Les vainqueurs musulmans paraissaient imbattables. Fous furieux suite à la perte de certains de leurs hommes les plus courageux, les chefs de La Mecque ordonnèrent une attaque générale, ce qui engendra un combat meurtrier entre les deux armées.

Les Arabes se battirent avec la même détermination farouche dont ils avaient fait preuve lors de la bataille de Badr. Bien qu'en nombre supérieur, l'armée de La Mecque tomba avant de pouvoir progresser. La plume blanche d'Ali et la plume d'autruche qui distinguait Hamza, étaient visibles partout où la bataille était la plus sanglante, et de nombreux combattants de La Mecque périrent par l'épée de ces deux puissants guerriers. Sûrs de leur victoire, les musulmans franchirent les lignes ennemies et tombèrent sur leur camp. Voyant cela, les archers positionnés sur la colline ne purent s'empêcher de quitter leur position pour prendre leur part du butin, et contre les directives de leur chef, ils désertèrent leur poste et rejoignirent l'armée à la poursuite de l'ennemi. Cet acte de désobéissance fut fatal pour les musulmans, car Khalid saisit cette opportunité pour conduire les chevaux de La Mecque à travers la faille des collines, désormais vulnérable, et attaqua les musulmans par derrière.

Ce fut le tournant de la bataille, et l'armée de La Mecque se retrouva dans le chaos. Elle fit son cri de guerre, appelant les idoles Houbal et Uzza, et attaqua l'ennemi sur tous les fronts. Bon nombre des plus courageux guerriers musulmans tombèrent, y compris Mousab (le premier missionnaire envoyé à Médine) qui portait l'étendard des réfugiés. Mais l'armée du Prophète dut faire face à une perte bien plus grande lors de cette journée mortelle à Uhud : Hamza, le lion de Dieu, avait été transpercé par la lance d'un Abyssinien.

Bien que les fidèles du Prophète se soient battus avec le courage du désespoir, ils furent peu à peu vaincus et retombèrent sur les résistants du mont Uhud. Mahomet appela, en vain, ses hommes pris de panique afin qu'ils cessent de fuir mais ils ne tinrent pas compte des paroles du Prophète. Alors que l'ennemi traversait la plaine, le Prophète se retrouva entouré et il n'aurait pu en sortir vivant sans le dévouement de certains de ses amis. Blessé par une flèche dont la pointe s'enfonça dans son visage, un vent violent le frappa et les anneaux de son casque s'enfoncèrent dans sa joue. Il eut également une profonde entaille au front. Ses plus fidèles serviteurs, sept protecteurs et sept réfugiés, entourèrent le Prophète pour le protéger et réussirent, non sans difficulté, à le conduire à l'abri dans l'un des replis de la montagne.

Voyant leur ennemi tomber, les hommes de La Mecque crurent le Prophète mort et crièrent « Mahomet est mort ! », suivi de l'écho de la montagne lugubre. La peur s'empara des croyants car dans ce cri du cœur ils pensaient avoir entendu la voix du démon Al-Aqaba, cette même voix qui, trois années auparavant, avait effrayé les soixante-dix disciples dans le vallon.

Complètement découragés et pensant, pour la plupart, que le Prophète était mort, les musulmans, vaincus, fuirent devant l'ennemi. Ils trouvèrent refuge dans une crevasse profonde, sur un côté de la montagne. Le mont Uhud est d'un aspect étonnamment sombre et lugubre, et ses beaux contours si particuliers lui confèrent un aspect hors du commun, semblable à une montagne dont on aurait rêvée. De grosses roches noires volcaniques lui donne l'apparence d'une montagne de fer.

Sur le champ de bataille, les guerriers de La Mecque mutilèrent sauvagement les soldats tombés mais, cherchant en vain le corps de Mahomet, ils commencèrent à douter de sa mort. Approchant du pied de la montagne, Abu Sufyan appela Mahomet, Abu Bakr et Omar, mais cet appel resta sans réponse. Il s'écria alors « Ils sont morts ! Nous sommes bel et bien débarrassés d'eux ! » Mais c'est alors que la voix d'Omar se fit entendre « Toi, ennemi de Dieu, tiens-toi prêt, nous nous vengerons de ce jour. » « Nous nous reverrons à Badr dans un an », déclara Abu Sufyan, ce qu'Omar accepta. Abu Sufyan prit le départ, et ordonna la marche du retour. Lorsque le soleil se coucha et que les hommes de La Mecque avaient enterré leurs morts, ils furent aperçus au loin à travers la plaine, les hommes montant les chameaux, suivis des chevaux.

Lorsque la ville de Médine apprit la défaite, de nombreux habitants se précipitèrent sur le champ de bataille, et les femmes se tinrent prêtes à soigner les blessés. Les survivants cherchaient les morts et les blessés, au milieu de blocs de granite, assistant à des scènes bien tristes lorsque les corps des morts étaient reconnus, bien souvent mutilés sans pitié par les ennemis. Les anciens Arabes avaient pour habitude de mutiler les corps des combattants tués sur le champ de bataille, mais Mahomet, et ce fut tout à son honneur, interdit formellement ces pratiques barbares à ses fidèles.

À l'instar des habitants de La Mecque tués à Badr, les musulmans perdirent soixante-dix hommes lors de la bataille de Uhud. Parmi les nombreux guerriers blessés, se trouvaient Abu Bakr, Ali et Omar. Fatima, qui était venue sur le champ de bataille accompagnée de Safiyya, la tante du Prophète, nettoya et pansa les blessures de son père. Safiyya était dévoué à son frère Hamza et la mort de ce dernier fut un bouleversement pour elle. Mais lorsqu'elle regarda son corps mutilé, elle ne ressentit pas de chagrin, alors que le Prophète et Fatima restèrent face au corps et éclatèrent en sanglots.

Ainsi se termina cette journée à Uhud, dans la tristesse et dans le deuil. Les femmes pleuraient pour les guerriers tombés au combat, et plus particulièrement pour Hamza, ce bel homme courageux, aimé de tous. La petite mosquée de pierres brutes, qui plus tard fut construite sur le lieu d'inhumation d'Hamza, est toujours visitée par les pèlerins lorsqu'ils viennent prier sur la tombe des martyres tombés sur le champ malheureux de Uhud.

Le Siège de Médine

Le jour suivant la bataille de Uhud, Mahomet poussa ce qu'il restait de son armée vaincue à suivre les gens de La Mecque, craignant qu'ils ne retournent attaquer Médine. Une bannière fut placée entre les mains d'Abi Nair, qui, même souffrant encore de ses blessures, monta sur son cheval et se dirigea vers La Mecque, à la recherche de signes pouvant lui indiquer la présence de l'ennemi. Le but de cette expédition était de montrer que si leur ville était menacée, les musulmans seraient toujours capables de se battre et seraient prêts à défendre leur ville. En réalité, les Quraychites avaient fait une halte pour discuter du plan d'attaque de Médine, mais l'armée était bien trop épuisée pour fournir plus d'efforts. Finalement, il fut décidé qu'ils continueraient leur route et rentreraient chez eux. Mahomet et sa petite armée restèrent sur le champ durant cinq ou six jours, lorsqu'ils retournèrent à Médine, satisfaits que les hommes de La Mecque soient réellement partis.

Mahomet, intimement persuadé que l'islam triompherait, essaya d'élever les esprits affaissés de ses disciples. Ce fut à cause de leur désobéissance à ses commandements, dit-il, qu'ils perdirent la bataille. Si les archers étaient restés à leur poste et n'avaient pas cédé à la tentation du pillage, les musulmans auraient gagné.

Il ne fait aucun doute que les musulmans aient été affaiblis par leur défaite à Uhud, tout comme ils avaient été fortifiés par la bataille de Badr. Ces tribus du désert, qui étaient contres le Prophète, y virent une opportunité de voler le territoire de La Mecque. Plusieurs expéditions furent envoyées pour protéger les biens des citoyens. Une tribu en particulier se comporta d'une façon bien plus perfide : l'un des chefs de la tribu demanda au Prophète d'envoyer des missionnaires pour instruire les peuples de la nouvelle croyance, mais lorsque les missionnaires arrivèrent sur place ils furent presque tous tués. Les juifs aussi, négligeant complètement l'accord qu'ils avaient passé, incitèrent le peuple à se révolter et montèrent un complot contre la vie du Prophète. Il fut ordonné aux tribus, alors suspectées de traîtrise, de quitter la ville, et celles qui refusaient étaient assiégées. Après quinze jours de siège, les juifs acceptèrent d'émigrer et furent autorisés à emporter tous leurs biens matériels, sauf leurs armes. Ainsi, comme le Prophète l'avait dit, la guerre serait déclarée pour les musulmans, qu'ils soient d'accord ou non. Ils devaient lutter sans cesse pour leur survie, et c'est un miracle que ces croyants en grande difficulté aient réussi à se défendre contre tant d'ennemis.

À cette époque, la veuve d'un citoyen de Médine qui avait été tué lors de la bataille de Uhud, supplia le Prophète de réparer l'injustice dont elle était victime. Elle avait deux filles mais le frère de son époux s'était approprié tout l'héritage et il n'avait rien laissé à la veuve et ses filles. Cela était possible avec les coutumes d'autrefois puisque, parmi les anciens Arabes, les femmes ne pouvaient hériter de biens. Mais conscient de cette injustice, Mahomet mis en place une nouvelle loi permettant à la femme de profiter du partage des biens laissés par le père ou le mari. Le montant exact de ce partage dépendait de la situation. Nous entendons souvent parler de la soumission des femmes en Orient, mais cela est plutôt lié à l'idée générale de la position de la femme en Orient qu'aux règles imposées par Mahomet. Ce dernier a fortement contribué à l'amélioration de la condition de la femme en Arabie, et il est l'instigateur de nombreuses lois pour leur bien.

Certaines personnes pensent que les mahométans considèrent que la femme n'a pas d'âme — une drôle d'erreur lorsque l'on sait que le Coran déclare expressément que toute personne, homme ou femme, ayant la foi et œuvrant pour le bien entrera au paradis. Une histoire raconte qu'une vieille femme demanda au Prophète ce qu'elle devait faire pour accéder au paradis, ce à quoi il répondit qu'aucune femme âgée ne serait acceptée au paradis. Des larmes coulèrent des yeux de la femme jusqu'à ce que Mahomet lui explique qu'à la résurrection tous redeviendraient jeunes de nouveau.

Souvenons-nous qu'après la bataille de Uhud, Abu Sufyan avait défié les musulmans de venir à sa rencontre un an plus tard, à Badr. Lorsque la

LES HABITANTS DE LA MECQUE ATTAQUENT MÉDINE

date fatidique arriva, Mahomet appela ses fidèles à s'armer et à s'avancer vers lui. Mais beaucoup étaient réticents à prendre ce risque, encore marqués par ce qu'il s'était passé à Uhud. Face à ce manque de courage, le Prophète les réprimanda et jura qu'il irait à Badr, même tout seul. Honteux, les musulmans changèrent d'avis et décidèrent d'aller se battre. Au final, cinq cents hommes se joignirent à Mahomet. C'était la plus grande armée que Mahomet n'avait jamais dirigée, mais lorsqu'ils arrivèrent à Badr, il n'y avait aucun ennemi !

Les Quraychites avaient quitté La Mecque avec une armée composée de deux mille soldats à pied et cinquante cavaliers. Cependant, la saison étant exceptionnellement sèche, il n'y avait aucun pâturage sur la route pour nourrir les nombreux chameaux alors ils firent demi-tour.

C'était la période de la foire annuelle à Badr et les musulmans plantèrent leurs tentes et y restèrent une semaine. Ils abandonnèrent l'esprit guerrier et s'intéressèrent au commerce. Ayant tiré un bon profit de l'échange de leurs biens, ils retournèrent à Médine, satisfaits. Cet épisode fut nommé le deuxième Badr.

Mais bien qu'Abu Sufyan ne se soit pas rendu à son rendez-vous de Badr, il n'avait pas oublié l'objectif principal de son existence. Il était toujours déterminé à renverser le pouvoir de Mahomet, cet exilé qui avait quitté dans sa ville natale comme un fugitif recherché, et qui était maintenant un roi, avec une armée de fidèles à son entière disposition.

Abu Sufyan élabora tranquillement son plan et ce ne fut qu'au printemps de l'an 627 après Jésus-Christ, soit deux ans après la bataille de Uhud, qu'il fut enfin prêt à quitter La Mecque, suivit de ses dix mille hommes — de nombreuses tribus du désert avaient rejoint les Quraychites.

Lorsqu'ils apprirent qu'une armée si puissante arrivait pour assiéger la ville, les habitants de Médine furent terrorisés et consternés. Mahomet, qui avait le don de réagir rapidement dans l'urgence, prépara immédiatement ses plans de défense pour la ville.

Pour la première fois dans la civilisation arabe, les retranchements en temps de guerre ont eu lieu — une idée suggérée par Salman, un Perse converti présent lors de sièges dans d'autres pays. Les solides maisons de pierre de Médine, proches les unes des autres, servaient de muraille d'un côté de la ville; cependant, à l'est et à l'ouest, il y avait de grands espaces ouverts qui n'étaient quasiment pas protégés. Quelqu'un proposa que des tranchées profondes soient creusées à ces endroits, ce que l'on ne tarda pas à faire. Des pelles et des pioches furent rassemblées, ainsi que des paniers dans lesquels entreposer la terre remuée car les Arabes ne disposaient pas de brouettes. Tous les clans s'unirent pour ce travail comme ils l'avaient fait pour la construction de la mosquée. Pendant qu'il travaillait, le Prophète fredonnait les chants habituels:

« Ô Seigneur, le bonheur ne se trouve qu'au paradis,
Ainsi, ait pitié des réfugiés et des protecteurs »

Ce à quoi les travailleurs répondaient:

« Nous nous sommes engagés envers Mahomet,
pour combattre ses ennemis, et ce, jusqu'à la mort »

En six jours, une tranchée profonde et large fut creusée quasiment tout le long des parties de la ville qui n'étaient pas protégées. Les maisons situées hors de ces tranchées furent abandonnées, et toutes les femmes et les enfants furent placés dans les tours, dans la ville. Les préparatifs étaient à peine terminés lorsque l'ennemi arriva.

Les hommes de La Mecque furent surpris et désarçonnés par cette nouvelle méthode de fortification. Habitués à faire usage de leur épée lors de combats rapprochés, ils ne s'attendaient pas à trouver une muraille entre eux et leurs ennemis. Ils dirent même que les musulmans avaient agit contre les traditions guerrières arabes et qu'ils avaient ainsi un avantage injuste. Ils tentèrent d'abord de tirer à l'arc. Des pluies de flèches et des pierres catapultées visèrent le camp musulman, ne faisant, cependant, que peu de dégâts. Soudain, un assaut eut lieu là où les tranchées étaient étroites et faiblement défendues, et quelques cavaliers courageux talonnèrent leurs chevaux pour combattre l'ennemi. L'un d'entre eux fut tué par Ali, qui engagea un combat au corps à corps, et le reste fut dispersé. Ainsi se déroula la première journée; des tentatives vaines de s'approcher des défenseurs de Médine.

Dans la nuit, un conseil de guerre eut lieu dans le camp de La Mecque. Il fut décidé de faire usage du grand nombre d'hommes à disposition en encerclant la ville et en attaquant de toutes parts, en même temps. La garnison de Médine, comptabilisant plus de trois mille hommes, fut sévèrement éprouvée par ces méthodes ; il n'y avait pas assez d'hommes pour garder les longues lignes de défense, de plus, les guerriers, épuisés, ne savaient jamais à quel moment aurait lieu la prochaine attaque. Mais les avant-postes des musulmans redoutaient d'attention, ce qui rendait quasiment impossible l'attaque par surprise. Il y avait sans cesse des alarmes durant la nuit. Khalid, le meneur qui avait assuré la victoire à Uhud, mis en place une stratégie pour surprendre les défenseurs et mena courageusement plusieurs attaques nocturnes, en vain, puisqu'il ne réussit jamais à franchir les tranchées. Un autre brave commandant, Amr, se distingua par plusieurs tentatives téméraires de forcer le passage dans la ville. Cependant, il ne réussit pas non plus.

Dans les premiers temps du siège, Abu Sufyan avait envoyé des émissaires aux chefs des tribus juives de Qurayza, proposant de rompre le traité passé avec Mahomet et de rejoindre l'armée mecquoise. Pensant que les Quraychites et leurs alliés finiraient par gagner contre les musulmans, les juifs acceptèrent et se rallièrent à l'ennemi, abandonnant ainsi le Prophète au moment crucial, car il pouvait difficilement se passer d'un homme de sa récente petite armée. Après cela, les Qurayza se repentirent de leur traitrise avec amertume.

La garnison assiégée se trouvait en effet dans une passe difficile : la ville était remplie de traitres, et si l'ennemi avait réussi à outrepasser les défenses, l'arrière des musulmans aurait été attaquée par les juifs et les hypocrites, qui n'attendaient qu'une chose : voir comment le vent allait tourner. Tel que le Coran nous l'indique, « au moment où les ennemis les assaillaient de toutes parts, leurs yeux étaient hagards d'épouvante et la frayeur les prenait à la gorge. »

Comme il n'y avait aucun répit, ni de jour, ni de nuit, les guerriers musulmans étaient éreintés. Il devint alors indispensable de séparer l'armée en deux groupes ; la moitié des hommes pourrait dormir pendant que l'autre tiendrait la garde. Avec une armée si réduite, il fallait faire preuve d'une grande vigilance pour éviter toute surprise. La vigilance des défenseurs de Médine peut être évaluée sur le fait qu'après le siège de vingt jours, l'armée de La Mecque, composée de dix mille hommes, fut incapable de capturer la ville.

Les chefs des Quraychites étaient découragés face à l'échec de leur initiative : les hommes souffraient du temps gris et maussade, les chameaux et chevaux mourraient de faim mais la nourriture était très rare et insuffisante pour les besoins d'une si grande armée. Une nuit, un orage éclata, des rafales de vent violent soufflaient à travers les plaines et des pluies torrentielles trempèrent les hommes, grelotant, dans le camp de La Mecque. Le vent se transforma en ouragan éteignant les feux de camps, détruisant les tentes ; une confusion totale. Soudainement, Abu Sufyan décida de quitter le camp et de faire demi-tour. L'armée, se hâtant d'obéir aux ordres, prépara précipitamment le départ pendant que d'autres, terrorisés, déclarèrent que Mahomet avait déclenché la tempête, comme par magie. Lorsque le jour se leva, l'armée de La Mecque avait disparu, il n'y avait pas un ennemi en vue. Ainsi prit fin le siège de Médine, connu plus tard comme la « bataille du fossé. »

Lorsque l'armée des Quraychites se dispersa, les alliés retournèrent à leur domicile respectif. La tribu juive de Qurayza se rendit dans leur forteresse, située à quelques kilomètres de Médine ; mais leur abandon déloyal des musulmans, dans un moment si important, ne resta pas impuni. Mahomet, craignant peut-être la présence de ses ennemis jurés à proximité de chez lui, s'en alla pour assiéger les Qurayza dans leur bastion. Après environ trois semaines de résistance, les juifs se rendirent à condition que leur punition soit décidée par un membre de la tribu Aws, qui était leur alliée, ce que Mahomet accepta. Le chef de la tribu qui vint rendre son verdict rendit une condamnation très sévère : il condamna tous les hommes à exécution, et les femmes et enfants à être vendus en tant qu'esclaves. Mahomet approuva la sentence, ce qui est fort regrettable. Cependant, nous ne pouvons nier l'attitude traîtresse des juifs, ces derniers ayant brisé l'accord passé avec le Prophète dans un moment de grand danger comme celui-ci, et ayant rejoint les ennemis de Médine. À l'époque et dans de telles circonstances, la peine de mort était chose courante — bien que cela nous semble aujourd'hui être une grave injustice.

Le Gage de l'Arbre

Il ne restait pas grand chose aux musulmans durant l'année qui suivit le siège de Médine. Bien qu'il n'y ait eu aucune bataille importante avec les habitants de La Mecque, nous savons qu'il y a eu plusieurs rencontres avec des tribus hostiles et des bandes de pillards, dont certains se sont aventurés dans les alentours de Médine, chassant beaucoup de chameaux. Le Prophète ne s'était pas trompé lorsqu'il avait déclaré : « Il t'est ordonné de faire la guerre, même si cela peut être pénible pour toi. » Le musulman doit être prêt à donner sa vie pour la cause de l'islam, s'il le fallait. Bien que le Prophète ait parfois fait preuve de sévérité dans ses punitions envers les ennemis de la foi, nous recensons de nombreux cas de clémence et de pardon, ainsi que de compassion qu'il tenta d'inculquer à la nation des guerriers. Une fois, lorsqu'une expédition fut envoyée contre une tribu Bédouine, il s'adresse au commandant de l'armée ainsi : « En aucun cas tu ne tromperas ; et tu ne tueras aucun enfant » Mahomet ordonnait systématiquement à ses hommes d'épargner les faibles, les femmes et les enfants. Ils ne pouvaient pas non plus détruire les maisons des habitants d'une ville conquise. Il donna une charte aux chrétiens, dans laquelle il s'engagea à protéger leurs églises et leurs monastères, et leur donna une liberté de culte totale.

Cela faisait maintenant six ans que le Prophète et ses disciples contemplaient leur ville natale. Malgré toutes les souffrances subies à cause de leurs compatriotes, La Mecque était encore dans le cœur des musulmans, et bon nombre d'entre eux étaient impatients de retourner voir leur ancienne ville. C'est à cette période là que Mahomet fit un rêve où il était à La Mecque, durant sa jeunesse et de sa vie de jeune homme. À nouveau, il vit les rues qui lui étaient si familières, les hauteurs du mont Abou Qubeis surplombant la ville, et au milieu de la ville, la forme sombre et carrée de l'ancien temple d'Arabie — la sainte Kaaba. Mahomet se vit en compagnie d'un grand groupe de disciples accomplissant des rites de pèlerinage, mais à son réveil, un désir ardent pour que son rêve se réalise emplit le cœur du Prophète. Il est fort possible, pensa-t-il, que les athées ne pourraient refuser aux musulmans la permission de visiter le lieu saint, s'ils venaient faire le pèlerinage sans armes. Beaucoup de ses fidèles étaient du même avis que le Prophète et anxieux d'essayer de se rendre à La Mecque.

Il faut savoir que le pèlerinage à La Mecque remonte à des temps très anciens. Les Arabes disent que Abraham a institué certaines des cérémonies du pèlerinage à l'époque où la Kaaba était le temple du vrai Dieu. Les tribus de toute l'Arabie continuèrent de visiter ce lieu sacré national après qu'il soit devenu la demeure des idoles. Lorsqu'un pèlerin pénètre sur le territoire sacré de La Mecque, il doit être vêtu d'une manière bien particulière. L'ihram, la tenue pour le pèlerinage, est constitué de deux étoffes de coton, l'une entoure la partie inférieure du corps et l'autre est placée sur l'épaule gauche pour être nouée sur le côté droit du corps, laissant l'épaule et le bras droit dénudés. Le pèlerin doit avoir le crâne rasé et ne peut porter aucun couvre-chef. De nos jours, cette tenue est toujours portée par les pèlerins.

Ce fut durant un mois sacré que Mahomet, vêtu de sa tenue de pèlerin, monta sur sa chamelle, Al-Kaswa et se dirigea vers sa ville natale. Près de mille cinq cents musulmans suivirent Mahomet, emmenant avec eux les chameaux voués au sacrifice qu'ils décorèrent de guirlandes. La dernière cérémonie du pèlerinage est un sacrifice en mémoire du bélier qu'Abraham offrit à la place de son fils.

Les Quraychites apprenant que Mahomet approchait et ne croyant pas à ses intentions pacifiques, envoyèrent une armée à sa rencontre.

Khalid, à la tête de deux cents cavaliers, galopa au devant de l'armée, prêt à barrer la route aux pèlerins. Les musulmans n'étaient pas équipés pour se battre, alors quand Mahomet entendit parler de ces préparations guerrières de la part de l'un de ses éclaireurs, il quitta la route principale et suivit une piste menant à une terre rocheuse et difficile, à Houdaybiya, une ville située à environ treize kilomètres de La Mecque.

Cela ne faisait pas longtemps que les musulmans s'étaient arrêtés à Houdaybiya lorsqu'ils virent un nuage de poussière vers de la ville sainte et un groupe de cavaliers approcher. Les Quraychites avaient envoyé le chef de l'une des tribus pour interroger Mahomet quant à ses intentions. Le Prophète répondit qu'il n'était pas venu préparé à faire la guerre et demanda seulement la permission de visiter la sainte Kaaba et pratiquer les rites du pèlerinage. Ainsi, le chef repartit délivrer le message aux Quraychites mais ils n'étaient pas satisfaits et renvoyèrent un autre messager pour dire que les habitants de La Mecque étaient très nerveux et déterminés à ne pas laisser entrer Mahomet dans leur ville. Les discussions continuèrent et les messagers firent des allers-retours pour essayer de trouver un accord entre les deux clans. L'un des émissaires, décrivant sa rencontre avec Mahomet aux chefs des Quraychites, déclara qu'il avait été à la cour de l'empereur romain de Constantinople et qu'il avait vu les rois de Perse et d'Abyssinie entourés de splendeur et de magnificence, mais il n'avait jamais vu un souverain recevoir autant de révérence et d'obéissance de ses disciples que le Prophète avec ses fidèles.

Finalement, Mahomet envoya son beau-fils Othman à La Mecque pour essayer d'arranger les choses avec les anciens des Quraychites. Les musulmans attendirent impatiemment l'issue de la mission d'Othman. Mais lorsque trois jours passèrent et qu'il n'était toujours pas de retour, ils ressentirent une grande angoisse pour sa sécurité. Soudain, ils reçurent une note les informant qu'Othman avait été assassiné à La Mecque. Mahomet, craignant fortement la trahison, rassembla ses pairs autour de lui, les appelant à rester à ses côtés pour venger Othman si cela s'avérait vrai. Ils étaient tous impatients de prêter main-forte à Mahomet. Ce dernier se tenait à l'ombre d'un acacia et tous les pèlerins vinrent à lui tour à tour, touchant sa main et faisant ainsi acte d'allégeance qu'ils resteraient à ses côtés jusqu'à la mort. Mahomet se souvint du « gage de l'arbre » comme preuve d'engagement de ses fidèles.

Cependant, Othman rentra sain et sauf. Bien qu'il n'ait pas réussi sa mission, il avait convaincu les Quraychites d'essayer et de passer un traité de paix avec Mahomet. Ainsi se termina l'état de guerre, qui commençait à se répercuter lourdement des deux côtés. Un chef appelé Suhail fut envoyé pour discuter des termes du traité. Il fut ensuite décidé que la guerre entre musulmans et mecquois devrait cesser pendant dix ans.

Les tribus du désert furent libres de s'allier avec l'un des deux clans. Les musulmans devraient partir sans entrer dans La Mecque, mais ils furent autorisés à faire le pèlerinage à la Kaaba l'année suivante et à rester à La Mecque durant trois jours—au cours de cette période, tous les habitants devraient quitter la ville et séjourner dans les environs. Les deux parties approuvèrent ces conditions et Ali fut chargé d'écrire le traité tel que le Prophète le dictait. Les témoins, dont Abu Bakr, Omar et Othman, signèrent ensuite le traité de leurs noms. Une copie de cet important document fut faite pour que les Quraychites puissent la conserver. Mahomet emporta l'original avec lui, à Médine.

Ainsi se termina l'expédition à Houdaybiya. Mahomet estimait qu'il avait gagné dans les avantages conférés par les termes du traité mais les musulmans étaient déçus car ils espéraient revoir leur ville natale cette année-là.

L'automne suivant ces événements, Mahomet passa une étape importante. Six messagers furent envoyés de Médine le même jour, chacun d'eux apportant une lettre du Prophète à l'un des chefs de ce monde. Parmi ces lettres, l'une était adressée à Héraclius, l'empereur romain (à cette époque, en Syrie), l'autre au roi de Perse et les lettres suivantes au gouverneur romain d'Égypte, au roi d'Abyssinie et aux gouverneurs des provinces de Ghassan et d'al-Yamama. Mahomet, le messager de Dieu, invitait les nations du monde à embrasser l'islam et partager leurs privilèges. Les bénédictions de paix toucheraient ceux qui accepteraient ses conseils. Et quant à ceux qui refuseraient, ils devraient reconnaître la suprématie du prophète de Dieu en payant une contribution.

Des chefs puissants comme l'empereur romain et le roi de Perse durent être surpris, voire amusés, en découvrant les prétentions de ce chef bien étrange des tribus du désert, pour peu qu'ils considéraient Mahomet. Ils n'auraient jamais cru qu'en quatre-vingt-dix ans, ces tribus du désert seraient devenues les maîtres de Syrie, de Perse et d'Égypte ; leur conquête s'étendant même jusqu'aux côtes de l'Afrique du Nord en passant par le détroit de Gibraltar. Ce sont les Arabes qui donnèrent son nom au détroit de Gibraltar, de l'arabe Jebel Tariq, signifiant la montagne de Tariq, d'après le général qui traversa les détroits et fonda le territoire musulman en Espagne. Ainsi, Gibraltar porte à ce jour le nom de l'un des conquérants de l'islam. Mais nous avons fait un bond dans le temps, et au moment de notre histoire, le royaume des musulmans ne comptait que la ville de Médine et quelques régions avoisinantes.

Il est peu probable qu'un projet de conquête étrangère ait pu occuper l'esprit du Prophète car il n'avait aucun moyen de mettre un tel plan à exécution. Jusqu'alors, les musulmans avaient difficilement pu garder les leurs, et avaient récemment été assiégés dans leur ville par les armées alliées de La Mecque et la plupart des tribus d'Arabie. Il paraît donc évident que le but du Prophète en s'adressant aux grands de ce monde était l'établissement de la seule vraie religion, selon lui. Pas uniquement l'Arabie, mais le monde entier devait partager les bénédictions de l'islam. Mahomet rêva probablement peu des contrées dans lesquelles la foi devait être propagée, à la suite de sa mort.

Les tribus juives étaient toujours amèrement opposées aux musulmans et complotaient sans cesse contre eux. À environ cent soixante kilomètres au nord de Médine se trouvait le village de Khaybar, situé au bord d'une oasis fertile et très bien fortifié. Les juifs habitant dans ce secteur furent suspectés de planifier une attaque à Médine, ainsi, pour déjouer leurs plans, le Prophète alla à Khaybar et assiégea les remparts de la ville. Cela dura environ deux mois. Les juifs se défendirent courageusement dans leurs forteresses et arriva un moment où le siège fut presque abandonné, faute de provisions. Ali était alors le porte-étendard et il avait un nouveau drapeau, le célèbre aigle noir, qui avait été fait à partir d'une cape appartenant à Aïcha, l'épouse du Prophète. Il se distingua par de nombreux actes de bravoure, et de merveilleuses histoires sont contées sur sa force incroyable. Lorsqu'il perdit son bouclier, Ali démolit une partie de la porte et utilisa un gros morceau de bois en guise de bouclier.

Bien que les juifs se soient bien défendus pendant un long moment, ils furent finalement battus, et une par une, les garnisons des différents forts se rendirent. Le puissant vallon de Khaybar devint à son tour un territoire des musulmans, mais les juifs étaient autorisés à conserver leurs terres à condition de payer une contribution annuelle.

Pendant qu'il était à Khaybar, le Prophète échappa de peu à

l'empoisonnement. Un rôti de chevreau fut placé devant lui par une juive mais dès la première bouchée, il suspecta la viande d'être empoisonnée. L'un de ses compagnons qui en avait mangé bien plus, mourut très rapidement. Mahomet ne se remit quasiment jamais des effets du poison jusqu'à la fin de ses jours.

Le moment de l'exécution de l'accord du traité de paix approchait, il permettait aux musulmans de se rendre à La Mecque. Après sept longues années, les exilés pouvaient à nouveau voir leur ville natale et vénérer leur lieu saint. Deux milles pèlerins quittèrent Médine avec le Prophète à la tête du groupe. Certains montaient des chameaux et de nombreuses personnes étaient à pied. À part l'épée rangée dans leur gaine qu'ils étaient autorisés à porter, ils n'étaient pas armés. Alors que cortège approchait de La Mecque, les habitants, selon l'accord passé, quittèrent la ville et allèrent camper dans les montagnes environnantes. Ainsi, lorsque les musulmans entrèrent dans leur ancienne ville, tout était silencieux et vide comme une ville morte. Il n'y avait personne dans les rues, les maisons étaient fermées et inoccupées ; aucun regard interrogateur épiant par la fenêtre pour voir qui était là.

Les villes orientales sont habituellement très bruyantes où la foule remplit les rues étroites, pleines à craquer : il y a des porteurs d'eau avec de grands sacs faits en peaux de chèvre, des vendeurs de friandises et de graines poussent chacun des cris bien particuliers pour attirer l'attention, des mendiants font l'aumône aux passants, des enfants jouent, et parfois des chameaux et des singes portant d'énormes chargements de bois à brûler poussent à travers la foule, bousculant tout ce qui se trouve sur leur chemin. Il y a de l'agitation et du bruit en permanence, ce qui rappelle la vie agitée et le bourdonnement constant d'une ruche d'abeilles. Après le calme d'une ville occidentale, une ville de l'Est ressemble à un endroit indescriptible de confusion et de clameur.

À cette époque, cela fut probablement bien étrange pour les pèlerins d'entrer dans une ville dépeuplée, entendant juste le son de leurs pas raisonnant dans un grand espace ! De nombreux réfugiés passèrent probablement dans les maisons qu'ils avaient autrefois habitées, avant qu'ils de fuir les persécutions pour rejoindre le Prophète à Médine. Qu'a-t-il bien pu se passer dans l'esprit de Mahomet alors que, montant sur Al-Kaswa, il entra dans la ville sainte à la tête de deux mille fidèles ? Tellement de choses s'étaient passées depuis que lui et Abu Bakr s'étaient cachés dans la grotte du mont Thor et s'étaient faufilés discrètement dans la pénombre comme des animaux pourchassés ! La fuite s'était suivie de sept années de lutte acharnée et beaucoup de choses avaient été accomplies mais il y avait encore du travail à faire avant que l'idolâtrie ne disparaisse et que le culte du vrai Dieu soit établi.

Alors que les pèlerins approchaient de la Kaaba, ils invoquèrent leur cri, « Labbayk, Labbayk ! », ce qui signifiait « Je suis là, à Ton service, Ô Seigneur ! » Toujours sur son chameau, Mahomet fit sept fois le tour de l'édifice sacré, touchant la Pierre noire de son bâton à chaque fois qu'il passait. Ce trajet circulaire autour de la Kaaba était une cérémonie très ancienne pratiquée par les pèlerins des années avant l'époque de Mahomet. Le prochain lieu de visite était la petite colline de Safâ. Les pèlerins marchèrent sept fois en hâte, entre cette colline et celle de Marwah, en mémoire de Agar qui selon la tradition arabe, avait erré entre ces deux collines à la recherche d'eau pour son fils Ismaël. Encore aujourd'hui, le même rituel est effectué par tous les pèlerins qui se rendent à La Mecque. Des prières étaient faites sur tous les lieux de visite puis, après le sacrifice des victimes, les cérémonies prenaient fin.

Le lendemain, il se passa quelque chose d'étrange. L'appel à la prière des musulmans, « Allahu akbar », « Dieu est grand », résonnait à travers la ville idolâtre, alors que Bilal, sur le toit de la Kaaba, invitait les fidèles aux prières de midi. En réponse à cet appel bien connu, les musulmans se rassemblèrent sur la grande place devant le temple sacré et le Prophète mena la prière exactement comme il le faisait habituellement à la mosquée de Médine.

Ainsi le vrai Dieu était vénéré à la Kaaba, qui pendant si longtemps avait été le temple de l'idolâtrie. Les visages étranges de trois cent soixante idoles de La Mecque se trouvaient autour des croyants. Certaines idoles étaient faites de grosses pierres brutes grossières, l'une d'elles avait la forme d'un cheval, et une autre d'un aigle. Parmi les principales idoles se trouvait la divinité Houbal, tenant dans sa main les flèches sans pointes.

Le mont escarpé de Abou Qubeis surplombait presque la partie est de La Mecque, et son sommet offrait une belle vue sur la ville et la Kaaba. De nombreux habitants de La Mecque se rassemblèrent au sommet de cette montagne et regardèrent les croyants musulmans en bas de la colline avec curiosité. Certains furent impressionnés par ce qu'ils virent puisque plusieurs conversions eurent lieu après que Mahomet quitta La Mecque.

N'oublions pas Khalid, ce brave habitant de La Mecque qui vaincu les musulmans à Uhud et qui, à de nombreuses occasions, s'est distingué par sa témérité. Khalid, ne pouvant supporter l'humiliation de voir le Prophète entrer dans La Mecque, avait quitté la ville avant que les pèlerins n'arrivent. Mais son hostilité envers l'islam ne dura pas longtemps. Khalid avait un frère qui s'était converti peu après la bataille de Badr et cela l'a probablement influencé, car peu de temps après le pèlerinage du Prophète, Khalid se dirigea à Médine, déterminé à se soumettre à l'islam et embrasser la religion qu'il avait tant combattu et persécuté. Sur sa route, il tomba sur Amr, un autre guerrier célèbre, plus tard connu comme le conquérant de l'Égypte. Lui aussi se rendait dans la ville du Prophète pour prêter allégeance à la nouvelle croyance. Une autre conversion importante fut celle d'Othman, le fils du porteur d'étendard de La Mecque qui fut tué à Uhud.

La Prise de La Mecque

Lorsque le Prophète invita les nations du monde à embrasser la croyance musulmane, l'une de ses lettres était adressée au gouverneur de Ghassan, un royaume de l'empire romain situé à la frontière syrienne. Le messager portant la lettre fut assassiné à Mu'tah et pour venger sa mort, Mahomet envoya une armée de trois mille hommes sous les commandes de Zayd. Souvenez-vous de ce dernier qui, un temps, fut l'esclave du Prophète, mais fut finalement libéré et adopté par Mahomet comme son propre fils.

Les musulmans n'avaient pas idée de ce dans quoi ils s'embarquaient. Lorsqu'ils atteignirent la frontière syrienne, ils rencontrèrent une armée comme ils n'en avaient jamais vue, et pour la première fois ils durent faire face aux phalanges romaines. Les deux armées se rencontrèrent à Mu'tah, à l'endroit même où le messager avait été tué. Habituée aux guerres des tribus du désert, l'armée musulmane n'avait aucune chance de gagner contre les troupes aguerries de l'Empire romain. Malgré cela, Zayd mena ses soldats vers cette armée invincible. Il fut rapidement accablé par les lances de l'ennemi, et les commandes furent prises par Jafar, le frère d'Ali. Bien qu'il fût blessé à plusieurs reprises, Jafar se battit courageusement avant d'être poignardé par un soldat romain. Il fut donc remplacé par un troisième chef qui tomba également—une journée de défaite. L'ennemi passa à travers les rangs des musulmans, qui auraient été complètement décimés si un autre chef courageux n'avait pas réussi à rallier les restes éparpillés de l'armée et à organiser une retraite en bon ordre. Ce fut Khalid, combattant pour la première fois aux côtés des musulmans, qui rattrapa la situation et empêcha cette journée d'empirer. Après cet événement, Khalid mena les musulmans au combat de nombreuses fois, ce qui lui valut d'être surnommé « l'épée de Dieu ». Féroce et persévérant, il était souvent réprimandé par le Prophète pour la dureté dont il faisait preuve, pourtant, aucun homme n'était plus généreux que ce fils fougueux du désert. Il vouait un profond respect à Mahomet et lors des combats, il avait toujours une mèche de cheveux du Prophète attachée à son casque.

La tristesse et les gémissements avaient envahi Médine lors du retour de cette malheureuse expédition. Mahomet pleurait profondément la mort de ses deux amis et lorsqu'il pénétra dans la maison de son cousin Jafar, il embrassa les enfants, désormais sans père, avec tendresse ; la mère devina alors ce qu'il était venu annoncer. Il offrit de la nourriture à envoyer chez Jafar. « Aucun repas ne sera préparé ici aujourd'hui », dit-il, « car tous ceux qui sont présents sont bouleversés et endeuillés par la perte de leur maître. » Le Prophète alla ensuite chez Zayd où il fut accueilli par sa petite fille qui se jeta, en pleurs, dans ses bras. Mahomet pleura avant d'éclater en sanglots, car le père de la petite avait été un ami cher à son cœur depuis de nombreuses années. Même si le Prophète savait se montrer sévère et sans pitié avec ses ennemis, il avait un cœur tendre, et on dit qu'il était aimé de tous les enfants et les animaux. Après la bataille de Mu'tah, il y avait beaucoup d'agitation parmi les tribus arabes de la frontière syrienne, qui menacèrent même d'attaquer Médine. Une deuxième armée fut envoyée pour essuyer la défaite de Mu'tah. Aucune grande bataille n'eut lieu mais cette expédition fut un succès et Amr, qui était à sa tête, reçu l'allégeance de plusieurs tribus situées à la frontière.

Lorsque le traité de paix d'Houdaybiya fut signé, les musulmans et le clan mecquois s'accordèrent pour que la guerre entre eux cesse pendant dix ans. Le traité fut respecté durant deux années mais les Banu Bakr, un clan allié de La Mecque, attaquèrent les hommes de la tribu musulmane et en tuèrent plusieurs. Certains chefs Quraychites s'étaient camouflés et avaient prêté main-forte à leurs alliés. Sur ce, quarante hommes de la tribu qui avait été attaquée par erreur montèrent sur leurs chameaux et se dirigèrent hâtivement vers Médine. Ils se plaignirent au Prophète que le traité avait été rompu et le supplièrent de punir les coupables. Mahomet promit qu'il s'assurerait que les hommes blessés soient guéris, et qu'il vengerait les morts.

Abu Sufyan, plus qu'inquiet quant aux répercussions éventuelles liées à la rupture de croyance avec Mahomet, se rendit à Médine pour tenter de rétablir la paix. Le Prophète ne souhaitait rien promettre et Abu Sufyan supplia Omar d'intervenir en sa faveur, mais indigné, celui-ci refusa. Il demanda ensuite à Ali et Fatima de l'aider à convaincre le Prophète de renouveler les accords de paix, mais ce fut peine perdue. Quelques temps auparavant, Mahomet avait épousé une fille, veuve, d'Abu Sufyan. À son arrivée à Médine, Abu Sufyan alla visiter sa fille. Alors qu'il était sur le point de s'asseoir sur un tapis, elle le retira brusquement déclarant qu'aucun idolâtre ne pouvait toucher le tapis du Prophète. Le chef des Quraychites ne semblait pas avoir été chaleureusement accueilli à Médine ! Devant l'impossibilité de trouver un terrain d'entente avec Mahomet, il partit, mécontent de l'issue de sa mission.

Peu de temps après ces événements, de grands préparatifs pour une activité guerrière commencèrent à Médine. La ville grouillait de partout, les armes étaient affûtées et les armures rangées correctement, mais personne ne savait encore qui serait l'ennemi ! Même Abu Bakr, le plus proche ami et conseiller de Mahomet, n'en était pas informé et, alors qu'elle préparait l'armure du Prophète, Aïcha ne savait toujours pas vers quel endroit se dirigerait l'armée. Jusqu'au dernier moment, personne ne sut que le Prophète avait prévu d'attaquer La Mecque !

Le secret avait été si bien gardé que les hommes de La Mecque n'avaient pas été avertis qu'une grande armée arrivait droit sur eux jusqu'à ce qu'ils voient dix milles feux de bivouac flamboyants sur les sommets des montagnes. Le Prophète avait ordonné à tous ses hommes d'allumer un feu dans l'espoir que les hommes de La Mecque, intimidés par une telle mise en scène, réaliseraient enfin l'inutilité de résister à une telle armée. Mahomet tenait fortement à éviter la mort de ses compatriotes.

Une vague de peur et de désarroi envahit La Mecque lors de cette alerte inattendue. Le jour s'était couché paisiblement sur la ville condamnée et à présent, dans les ténèbres de la nuit, les habitants avaient tout à coup pris conscience qu'une armée puissante se cachait dans les hauteurs surplombant la ville.

Abu Sufyan, suivi de quelques compagnons, se précipita hors de la route de Médine — la nuit était très noire et les sommets montagneux semblaient prendre feu avec les brasiers ardents. Soudainement, une

voix se fit entendre dans l'obscurité, appelant Abu Sufyan nominativement : « Mahomet campe avec une armée forte de dix mille hommes ! Fais la paix avec lui et unis-toi à la destinée de l'islam. » C'était Abbas, l'oncle du Prophète, qui avait parlé. Bien qu'il soit toujours resté en bons termes avec son neveu, il n'avait jamais accepté de le reconnaître en tant que Prophète jusqu'à ce qu'il réalise qu'il ne pouvait rien faire contre lui. Alors, à la fin de la journée, il rejoignit le camp vainqueur, et il supplia Abu Sufyan de l'accompagner chez les musulmans.

Peut-être qu'Abu Sufyan avait compris qu'il était inutile de résister plus longtemps et qu'il reconnaissait être vaincu dans cette longue lutte contre son adversaire ; peut-être qu'il était convaincu que le Dieu qui avait aidé Mahomet à battre ses ennemis face à une telle résistance était finalement le vrai Dieu ; mais qu'importe ses pensées, il décida finalement de suivre Abbas dans la tente du Prophète.

Le lendemain matin, fier, Abu Sufyan, le chef des Quraychites, fit sa profession de foi envers l'islam, reconnaissant l'apôtre de Dieu, qui était autrefois un exilé méprisé. Mahomet reçut la soumission de son ennemi gracieusement. Il le chargea de retourner à La Mecque informer les habitants que s'ils ne résistaient pas, et s'ils se réfugiaient chez eux ou dans le temple saint, ils ne seraient pas blessés. L'armée était sur le point de partir lorsqu'Abu Sufyan se mis à l'écart. Il était impressionné par l'ordre et la discipline de cette grande armée. « Vraiment, ton neveu est le chef d'un immense royaume ! », dit Abu Sufyan à Abbas alors qu'il observait les troupes du désert s'en aller. « Il est bien plus qu'un roi », répondit Abbas, « car il est un grand prophète. » Abu Sufyan se dépêcha de retourner à La Mecque pour délivrer le message de Mahomet.

L'armée marchait en quatre divisions. Chacune d'entre elles entrerait dans la ville par un chemin différent et les commandants avaient reçu des ordres bien précis, à savoir qu'ils ne devaient pas se battre à moins d'être attaqués. La route suivie par le Prophète était à proximité du cimetière où reposaient Khadija et Abu Talib. À l'approche de la ville, aucune armée ne vint s'opposer aux musulmans. Mahomet adressa une prière de remerciement, car son cœur aspirait à la paix avec ses concitoyens.

La seule division qui rencontra une résistance était celle menée par

Khalid. Certains des ennemis les plus acharnés du Prophète, refusant toute réconciliation, s'étaient postés sur une arête de montagne au-dessus de la ville où ils avaient l'intention de livrer une ultime bataille. Ils assaillirent Khalid et ses Bédouins avec une pluie de flèche, mais s'enfuirent après une brève escarmouche. Il y eut quelques pertes des deux côtés. Le Prophète était très peiné que le sang ait coulé mais à l'exception de cette rencontre, La Mecque capitula calmement, reconnaissant la suprématie de Mahomet.

En entrant dans la ville sainte, Mahomet se rendit à la Kaaba et effectua les sept tours du temple sacré. Nous arrivons maintenant à l'un des plus forts moments de la vie du Prophète : le temps était arrivé pour les idoles de La Mecque de disparaître ! Mahomet qui avait autrefois souffert de persécution et été exilé pour avoir condamné l'adoration de ces mêmes idoles, ordonnait aujourd'hui leur destruction et en ce jour, le jour de sa victoire, les habitants de La Mecque n'osèrent bouger le petit doigt pour sauver les dieux de leurs pères. « Voici que la vérité est venue », s'exclama le Prophète, « et que l'erreur a disparu. Certes, l'erreur est vouée à disparaître. »

Pointant la gigantesque figure de Houbal de son bâton, il ordonna sa destruction. Elle fut brisée en morceaux et s'écrasa violemment par terre. Un à un, ces dieux protecteurs de la ville furent désignés pour être détruits jusqu'à ce qu'il n'en reste plus aucun — sur les trois cent soixante qui existaient. Les représentations d'Abraham et des anges, dessinées sur la Kaaba, furent effacées par Omar qui les frotta avec un tissu. En effet, les musulmans considéraient les dessins, ainsi que les images, comme des symboles de l'idolâtrie. « Tu ne feras point d'image taillée ni de représentation quelconque des choses qui sont en haut dans les cieux, qui sont en bas sur la terre, et qui sont dans les eaux plus bas que la terre. » Un commandement que les disciples du Prophète suivirent à la lettre.

C'est ainsi que l'idolâtrie fut éradiquée de La Mecque et dorénavant, le sanctuaire national d'Arabie serait le temple du vrai Dieu.

Depuis cette remarquable journée, signant la dernière victoire de Mahomet, à nos jours, l'appel à la prière musulmane fut entendu quotidiennement depuis la Kaaba, à La Mecque. La prière publique fut prononcée avec les mêmes mots que le Prophète avait alors utilisés.

Après la destruction des idoles, Mahomet prêcha auprès de l'assemblée. « Fils de Quraychites, que pensez-vous que je ferai de vous ? », demanda-t-il lorsqu'il eut fini son discours. « Avec bonté et miséricorde, frère bienveillant », répondirent-ils. Profondément ému, le Prophète déclara qu'il agirait envers eux comme Joseph avait agit envers ses frères. « Nul reproche ne vous sera fait », dit-il, « Puisse Dieu vous pardonner dans toute sa miséricorde et sa compassion. »

Mahomet gagna le cœur de ses compatriotes par la générosité dont il fit preuve envers la ville vaincue. La Mecque, qui l'avait jeté comme un exilé et un hors la loi, était dorénavant à sa merci. Mais tous les esprits de vengeance avaient été apaisés et Mahomet pardonna gracieusement ses ennemis, sauf quelques personnes coupables de divers crimes. Parmi ceux-là, seulement deux furent condamnés à mort.

L'amour du Prophète pour sa ville natale était si grand qu'il la déclara comme l'endroit le plus juste au monde. Les habitants de Médine craignaient qu'il ne fuit et fasse de La Mecque son domicile. Mais il promit aux protecteurs qu'il ne les abandonnerait jamais car en plus de lui avoir offert un toit alors qu'il était en exil, ils l'avaient accueilli quand le reste du monde lui avait tourné le dos ! « Je vivrai où vous vivrez », dit-il, « et je mourrai là aussi. »

Dans la soirée, lorsque le Prophète s'était retiré dans sa tente, Abu Bakr emmena son père le rencontrer. Abu Quhafa, aveugle, courbé avec l'âge et aux cheveux « aussi blancs que la fleur de l'herbe de montagne », fut amené devant le Prophète. Mahomet reçut le vieil homme avec gentillesse et l'invita à s'asseoir près de lui. « Ton père aurait dû rester chez lui », dit-il à Abu Bakr, « je serai moi-même venu chez lui. » Il ne fut pas difficile de convaincre Abu Quhafa d'embrasser la croyance dont son fils était un fervent disciple. Il vécut jusqu'à 97 ans et put ainsi voir Abu Bakr devenir calife, ou successeur du Prophète.

Dans les jours qui suivirent l'entrée de Mahomet à La Mecque, de nombreux habitants vinrent à lui pour prêter le serment d'allégeance, et faire leur profession de foi envers l'islam. En faisant cela, chaque homme plaça sa main sur celle du Prophète, en symbole de leur allégeance, et répéta les mots du Second ou Grand serment d'allégeance à al-Aqaba. Les femmes s'avancèrent et s'engagèrent en prononçant les paroles du serment d'« Allégeance des femmes » (ou « Premier serment d'allégeance à al-Aqaba ») promettant ainsi de ne vénérer que le vrai Dieu, de mener des vies pieuses et pures, et d'obéir au Prophète dans toute sa justice. Mahomet disait ensuite « Allez, car vous avez prêté allégeance » — sans toucher les mains des femmes.

Cependant, tous les habitants de La Mecque ne furent pas convertis en même temps. Personne ne voulait s'engager sans avoir au préalable étudier la nouvelle religion. Il ne fait nul doute que certains aient rejoint l'islam car ils souhaitaient être du côté des vainqueurs, mais la doctrine de l'islam gagna peu à peu du terrain lors des huit années qui suivirent la fuite et de nombreuses personnes étaient prêtes à recevoir cet enseignement. La grande ambition de la vie du Prophète avait été réalisée. L'idolâtrie avait été renversée et les principes de la foi avaient été semés dans la ville sainte.

La Soumission de Taïf

Pendant son séjour à La Mecque, Mahomet ordonna la destruction de plusieurs sanctuaires de l'idolâtrie dans les alentours. Accompagné d'une poignée d'hommes armés, Khalid détruisit le temple d'une célèbre divinité mecquoise dans la vallée de Nakhla. D'autres chefs furent envoyés pour détruire les idoles de certaines tribus devenues musulmanes. Les habitants de Taïf (ville dans laquelle Mahomet avait autrefois tenté de propager la foi) commencèrent à craindre pour leur grande représentation, Al-Lat—divinité pour laquelle ils avaient une piété toute particulière. Bien décidés à frapper pour protéger leur ancienne religion, ils appelèrent à l'aide tous leurs alliés et ainsi, forts de nombreuses armées, ils se retrouvèrent près de la vallée de Hunayn, entre La Mecque et Taïf.

Le Prophète était arrivé à La Mecque à la tête de dix mille hommes. À cela s'ajoutèrent deux milles mecquois, fraîchement convertis. Ainsi, l'armée qui se dirigeait à la rencontre des hommes de Taïf et leurs alliés se composait de douze mille hommes. Mais cette armée imposante fut à deux doigts de connaître une défaite. Les Thakifites (gentilé de Taïf) se cachèrent au milieu des pierres brutes surplombant un passage escarpé et étroit à l'entrée de la vallée de Hunayn. Ils attendirent ici silencieusement jusqu'à ce qu'ils aperçoivent les musulmans pénétrer dans le passage. Ils se jetèrent alors sur eux à toute vitesse, les prenant complètement par surprise. La soudaineté de l'attaque dans la lueur fragile du jour provoqua la panique parmi les troupes musulmanes, serrées dans l'espace étroit entre les parois abruptes de la montagne. Ils se sauvèrent, dans le désordre, à travers le passage, et les chameaux ayant pris peur étaient coincés dans le col étroit. Tout n'était que confusion et tumulte et le Prophète, qui appelait ses hommes à se rallier, ne fut entendu que par peu de personnes. Parmi les hommes entourant le Prophète, il y avait Abbas, Ali, Omar et Abu Bakr. Abbas, dont la voix portait, cria tout haut « Ô citoyens de Médine ! Ô hommes du Gage de l'arbre ! » Cet appel fut répété encore et encore, jusqu'à arriver aux oreilles des fuyards, leur rappelant ainsi l'engagement qu'ils avaient pris, celui de défendre le Prophète jusqu'à la mort. Une centaine de ses fervents disciples firent demi-tour, suivis par d'autres hommes, puis au fur et à mesure, toute l'armée se rallia pour combattre l'ennemi. Le combat était très violent, mais les musulmans triomphèrent. Les guerriers de Taïf prirent la fuite et un grand massacre s'en suivit. Le camp ennemi, détenant les femmes et les enfants, tomba entre les mains des musulmans qui capturèrent six mille prisonniers et un riche butin de vingt-quatre mille chameaux et quarante mille chèvres et moutons. Les prisonniers et le butin furent envoyés dans la vallée de Ji'irranah en attendant la distribution.

Pendant ce temps, le Prophète mena son armée en direction de Taïf, et assiégea la ville. Elle était solidement fortifiée et ne manquait ni d'eau, ni de provisions. Les protecteurs étaient des archers très doués et les pluies de flèches avec lesquelles ils assaillirent les musulmans, couvrirent le ciel tel un nuage de sauterelles. Lorsqu'une tentative de miner les murs eut lieu, les citoyens jetèrent des boules de fer rouge depuis les remparts. Réalisant qu'il ne pourrait impressionner la ville assiégée, Mahomet, en dernier ressort, ordonna que les beaux vignobles autour de la ville de Taïf soient coupés. Mais les habitants, désespérés, l'implorèrent d'épargner leurs vignobles, « par pitié et pour l'amour de Dieu », alors il revint sur sa décision et arrêta le processus de destruction. Les musulmans étaient campés depuis environ un mois devant Taïf, mais la ville ne montrait aucun signe de capitulation. Mahomet se retira avec son armée et abandonna le siège.

Les musulmans marchèrent de Taïf jusqu'à la vallée de Ji'irranah où les prisonniers et le butin pris dans la bataille de Hunayn avaient été envoyés. Certains des prisonniers connaissaient le Prophète car, enfant, il avait vécut dans les tentes d'une tribu nomade du désert. Parmi les femmes, l'une prétendait être sa sœur adoptive. Elle s'appelait Al-Chaïma, ou encore « la femme à la cicatrice » car celle-ci avait une marque sur son épaule qu'elle disait avoir été faite par Mahomet lorsqu'il l'avait mordue alors qu'elle le portait sur sa hanche. Le Prophète reconnut la petite fille qui avait joué avec lui et qui l'avait porté alors qu'il était enfant. Il lui parla de cette époque avec affection. Elle fut immédiatement libérée et renvoyée auprès des siens avec un très beau présent.

Voyant sa gentillesse envers son ancienne amie, les prisonniers adressèrent une requête au Prophète, le suppliant de les libérer. « Nous t'avons connu alors que tu n'étais qu'un petit garçon », dirent-ils, « puis comme un jeune noble et aujourd'hui, alors que tu es devenu si puissant et majestueux, sois miséricordieux envers nous. » Mahomet ne put résister à cette demande touchante et, dans sa générosité, il consentit à libérer tous les prisonniers.

Les troupeaux ainsi que d'autres butins furent distribués entre les combattants. Mahomet donna de magnifiques cadeaux aux chefs de La Mecque — certains reçurent même cent chameaux chacun. Il était si généreux envers ses anciens ennemis que les hommes de Médine prirent cela comme un manque de respect, et se dirent les uns aux autres « Il a rejoint les siens et nous a abandonnés. » Mahomet fut peiné lorsqu'il eut vent de ces murmures parmi ses fidèles. « Ô protecteurs », leur dit-il, « pourquoi êtes-vous inquiets que j'ai voulu gagner les cœurs de ces hommes ? N'êtes-vous pas contents qu'ils aient du bétail, alors que vous, vous avez le Prophète du Seigneur avec vous ? Je ne vous abandonnerai jamais — si tous les hommes allaient dans une direction, et que les hommes de Médine allaient dans une autre, je suivrais les hommes de Médine. Le Seigneur les bénit, eux et leurs fils, pour toujours. » Les gens furent émus par les paroles prononcées par le Prophète et beaucoup pleurèrent, alors qu'ils criaient d'une seule voix « Nous sommes contents, O Prophète ! » Peu de temps après, Mahomet, ayant nommé un gouverneur de La Mecque, mena son armée à Médine.

En tant que conquérant de La Mecque, Mahomet était reconnu en tant que chef régnant sur la péninsule Arabique, et de nombreuses tribus, même les plus lointaines de la région, envoyèrent des députations pour lui faire soumission. Les émissaires arrivaient du Yémen dans le sud, d'Oman dans le gold Persique, et des frontières perses et syriennes pour conclure des accords avec le grand chef dont la réputation s'était propagée au loin. Mahomet n'avait pas seulement fondé une religion, mais un empire. Il avait unifié les tribus dispersées du désert grâce à une foi commune ; il en avait fait une nation et avait posé les fondations du grand empire Sarrasin qui jouerait plus tard un rôle important dans l'histoire mondiale.

Les émissaires qui vinrent à Médine furent accueillis dans la cour de la mosquée qui servait de salle d'audience et de lieu de discussion concernant les affaires d'État. Bien que Mahomet ait atteint un tel pouvoir, il continuait à vivre la vie simple d'un homme arabe. La modeste rangée de maisons qu'il avait construite pour ses épouses, le long du côté est de la mosquée, lui servait de palais. Il avait pour couronne le turban porté par ses ancêtres. Mais malgré cette absence de couronne ou de palais, aucun homme ne fut plus considéré comme un roi, dans le cœur de son peuple, que Mahomet. Omar, estimant que le Prophète devait être habillé d'une parure royale lorsqu'il recevait les ambassadeurs, proposa qu'il achète une robe de soie qu'il porterait à ces occasions. Mais Mahomet refusa tout changement dans ces habitudes. La simplicité de la vie que menait le Prophète est aux antipodes du luxe et de la magnificence dans lesquels vivaient certains hommes qui devinrent, plus tard, califes.

La majorité des tribus d'Arabie avait maintenant reconnu la suprématie de Mahomet. Certaines d'entre elles s'étaient converties à l'islam, et d'autres avaient conclu des traités acceptant de payer une taxe à l'apôtre de Dieu. Au vu du grand nombre d'émissaires envoyés à Médine durant la neuvième année suite à la fuite, cette année fut appelée « l'année des députations ». La ville de Taïf était l'une des rares à se tenir à l'écart.

Peu après que Mahomet soit retourné à Médine, Urwah, un chef de Taïf, vint à la rencontre du Prophète pour se renseigner sur les enseignements de l'islam. Ce fut en tant que musulman qu'il retourna dans sa ville, bien déterminé à convaincre ses compatriotes de leur erreur à continuer à adorer les idoles. Les habitants de Taïf, entêté comme toujours à leur dévotion envers Al-Lat, tombèrent sur Urwah et le lapidèrent. Il s'éteignit en remerciant Dieu d'avoir l'honneur de mourir en martyr. Que ce soit par remords d'avoir assassiné Urwah ou parce qu'ils souffraient de l'opposition des tribus avoisinantes qui étaient devenues croyantes, les Thakifites décidèrent de conclure un accord avec Mahomet. Ainsi, ils envoyèrent six de leurs chefs à Médine afin de convenir d'un accord. Le Prophète venait tout juste de rentrer d'une expédition en Syrie lorsque les émissaires de Taïf arrivèrent. Ayant entendu les rumeurs d'une invasion romaine, Mahomet avait mené une grande armée à Tabūk, une ville située près de la frontière syrienne. Mais cela s'avéra faux et l'armée retourna à Médine, après avoir souffert de la chaleur et de la soif. Ce fut la dernière mission dirigée par le Prophète.

Les chefs de Taïf furent chaleureusement reçus par Mahomet qui planta une tente pour eux juste devant la mosquée. Le soir, après les repas, il avait pour habitude de se rendre chez eux pour discuter de leurs affaires. Il ne tarda pas à les convaincre de la vérité des doctrines de l'islam mais malgré le fait que les six chefs devinrent croyants, les habitants de Taïf, dirent-ils, n'accepteraient jamais que leur grande idole soit détruite. Mahomet répondit que l'adoration du vrai Dieu ne pouvait cohabiter avec l'adoration des idoles, et que si le peuple de Taïf voulait rejoindre l'islam, il devrait détruire la divinité Al-Lat. Les chefs supplièrent Mahomet de leur donner un délai de trois ans, durant lequel les citoyens pourraient être instruits dans la nouvelle religion. Mais Mahomet refusa. Ils demandèrent alors une période de deux ans avant que l'idole ne soit détruite, mais cette fois encore, Mahomet refusa. « Alors donne-nous une année », dirent-ils, « six mois — un mois » ; mais Mahomet ne céda pas. Voyant la détermination du Prophète, les chefs de Taïf acceptèrent à contrecœur que la grande divinité soit détruite sur le champ. Ils implorèrent ensuite que les Thakifites soient exemptés des cinq prières quotidiennes et des ablutions, car ils craignaient que les gens ne trouvent cela trop pesant. Mahomet déclara qu'il ne pouvait y avoir de vraie religion sans prière et que les habitants de Taïf devaient faire comme les autres musulmans. Les chefs firent une dernière requête avant de partir. Ils demandèrent à ne pas être obligé de détruire l'idole de leurs propres mains. Alors, Abu Sufyan et Mughirah, un neveu du martyr Urwah, furent envoyés avec eux pour détruire la grande déesse de Taïf.

Une scène étrange eut lieu lors du retour des chefs dans leur ville natale. Mughirah, tenant une pioche et entouré par une garde d'hommes armés, se dirigea vers le temple de la déesse. Les habitants s'étaient rassemblés en grand nombre, et les femmes poussaient de fortes lamentations, craignant qu'un terrible événement ne suive la destruction d'Al-Lat. Tous retenaient leur souffle attendant nerveusement que le premier coup de pioche frappe la silhouette de la déesse. Sous peu, la représentation fut brisée en morceaux et les gens regardaient les brisures éparpillées de leur sujet d'adoration.

Ainsi Taïf se soumit peu à peu à l'islam. La ville avait été l'un des plus forts bastions de l'idolâtrie et les habitants furent forcés à prêter allégeance à l'islam—plus pour des raisons d'état que des motifs religieux. Toutefois, le temps passa, le souvenir des anciens dieux s'effaça peu à peu, « l'erreur a disparu car certes, l'erreur est vouée à disparaître. »

Le Pèlerinage d'Adieu

Les quatre grands devoirs de tout bon musulman doit accomplir sont la prière, l'aumône, le jeûne et le pèlerinage. Tout disciple du Prophète doit aller au moins une fois dans sa vie, faire le pèlerinage de La Mecque, si sa condition physique et financière le lui permet. La cérémonie complète du « grand pèlerinage » ne peut avoir lieu que pendant le mois sacré du Dhou al hijja, et le « petit pèlerinage », où il y a moins de cérémonies, peut avoir lieu à n'importe quel autre moment de l'année.

Comme nous l'avons déjà vu, le fait d'aller à La Mecque pour le pèlerinage est une coutume très ancienne. La principale raison pour laquelle le Prophète a perpétué cette tradition est probablement parce qu'il a réalisé le grand pouvoir et la force de l'unité. À La Mecque, les musulmans de toutes les nations sont réunis : des plaines de l'Inde aux sommets neigeux de l'Afghanistan et du Baltistan, des pays de l'empire Perse, de la Syrie, de la Turquie ou de l'Asie mineure, de l'Égypte et d'autres régions africaines, jusqu'aux côtes de l'Atlantique ; les flux de pèlerins affluent en direction du sanctuaire central de la foi, le « Ahl al-Bayt », ou la maison de Dieu. C'est un nom communément usé par les musulmans pour la Kaaba, et c'est également le même nom en hébreu « Beth-el », signifiant maison de Dieu.

Dans la neuvième année de l'islam, Abu Bakr mena trois cent pèlerins à La Mecque pour le « grand pèlerinage ». Bien entendu, il y avait encore de nombreux adorateurs d'idoles dans divers endroits d'Arabie, et ils vinrent, comme à leur habitude, à La Mecque pour la période du pèlerinage. De nombreuses cérémonies qu'ils pratiquaient étaient déshonorantes et idolâtres, et le Prophète décida que désormais, seule l'adoration du vrai Dieu serait célébrée dans ce lieu saint. Ainsi, il envoya Ali avec une déclaration à lire à l'assemblée de pèlerins, ordonnant que dans le futur, aucun idolâtre ne pourrait entrer dans le territoire sacré de La Mecque.

L'année suivante, Mahomet mena une multitude de pèlerins à la ville sainte. Ce grand pèlerinage du Prophète fut considéré comme un exemple pour tous ceux qui suivirent. De la même manière qu'il avait organisé les cérémonies à cette occasion, ses disciples continuent de perpétrer cela de nos jours. Les rites du grand pèlerinage durent trois jours et incluent une visite au mont Arafat, également appelé « montagne de la miséricorde ». Cette montagne sacrée est située à environ vingt kilomètres à l'est de La Mecque. Entre Arafat et La Mecque se trouve la vallée de Mina, une vallée sableuse entourée de basses collines. Mahomet et de plusieurs milliers de pèlerins qui l'avaient suivi campèrent ici, le jour de l'ouverture du grand pèlerinage. À l'aube du jour suivant, après la prière de l'aurore, le Prophète monta sur son chameau et poursuivit sa route jusqu'à Arafat. Al-Qaswa, qui avait transporté son maître en lieu sûr lors de sa fuite de La Mecque, le portait à présent, en hommage de ce dernier pèlerinage. Arafat est une colline de granite irrégulière, haute d'environ soixante mètres, seule dans la plaine de sable. À son sommet se trouve un lieu appelé « le lieu de prière d'Adam », en référence à une vieille légende. La journée à Arafat se passa dans la prière et dans l'observance religieuse. Après la tombée de la nuit, Mahomet monta sur al-Qaswa et se précipita, au clair de lune, à un endroit sur la route de Mina appelé Muzdalifah où il passa la nuit. Dans toutes les situations, nous pouvons retrouver l'exemple du Prophète suivit par les pèlerins jusqu'à aujourd'hui. Ils quittent toujours Arafat dans la précipitation et la confusion, et se dirigent à un rythme effréné à Muzdalifah ; de nombreux accidents ont lieu sur le chemin.

Le jour suivant, lors du retour des pèlerins à Mina, une cérémonie particulière se déroula, appelée « la lapidation de Satan ». Une tradition raconte qu'Abraham, traversant la vallée de Mina, rencontra le diable et le fit fuir en lui lançant des pierres. Afin de célébrer cet événement, tous les pèlerins jettent plusieurs petites pierres à certaines projections rocheuses le long de la vallée de Mina. Les cérémonies du pèlerinage sont un curieux mélange d'actes de réelles dévotions et de rituels étranges liés à d'anciennes légendes et traditions. La cérémonie de fermeture est le sacrifice des victimes, qui a lieu le troisième jour du pèlerinage, à Mina. Ce sacrifice est une vieille tradition païenne qui perdura tout comme d'autres traditions, car en réalité les sacrifices ne font pas partie de la religion musulmane, telle que l'a instituée Mahomet.

La mission du Prophète était maintenant remplie, son œuvre était accomplie. En effet, il avait détruit l'idolâtrie et établit l'adoration du seul Dieu dans toute l'Arabie ! C'était l'objectif qu'il s'était fixé dans ses débuts remplis de doute et de lutte, dans la solitude du mont Hira ; et ce n'était pas l'un de ceux qui regardent en arrière après avoir mis la main à la pâte. L'œuvre de sa vie fut accomplie honorablement. Il semble que sur cela, sa dernière visite à La Mecque, Mahomet sentait déjà que la fin était proche et avant de quitter Mina (après la fin du pèlerinage), il s'adressa à ses disciples dans des termes qui restèrent longtemps gravés dans les mémoires.

Le soleil se couchait et les collines grises éclataient dans toute sa splendeur lorsque le Prophète, assit sur al-Qaswa, rassembla son peuple autour de lui. « Ô peuple », commença-t-il, « écoutez-moi attentivement, car je ne sais pas si, après cette année-ci, je serai encore parmi vous. » Il exhorta ensuite ses fidèles à obéir à ses commandements, à se méfier des tentations de Satan et du péché de l'idolâtrie. Il les appela à traiter leurs femmes avec gentillesse, et de respecter la vie et les biens. « Et vos esclaves », continua le Prophète, « donnez-leur les aliments dont vous vous nourrissez, et les vêtements dont vous vous habillez. N'affligez pas les serviteurs de votre Dieu. » Le Prophète grava sur ses fidèles l'enseignement de la fraternité de l'islam. « Ô peuple », dit-il, « écoutez mes paroles et fixez-les dans vos esprits. Sachez que chaque musulman est le frère de chaque musulman. Vous êtes tous égaux. Vous êtes une fraternité. »

Lorsqu'il eut fini son discours, le Prophète leva ses mains au ciel et cria « Seigneur, j'ai délivré mon message et accompli ma mission ! » Et d'une voix, le peuple répondit : « Oui, en vérité tu l'as fait ! » Puis l'assemblée se dispersa. Lors de son retour à La Mecque, Mahomet entra dans la Kaaba et pria entre les murs. Il resta trois jours à La Mecque puis retourna à Médine.

Bien que le Prophète sembla ressentir que la fin de sa vie était proche, il

MAHOMET PRÊCHANT LE SERMON D’ADIEU

paraissait être en bonne santé et faisait ses affaires habituelles. Cependant, Abu Bakr avait sûrement remarqué des signes de l'âge avancé de son maître bien-aimé car un jour, il s'écria avec douleur : « Hélas ! Tes cheveux blancs font leur apparition ! » Mahomet avait alors soixante-trois ans.

Peu de mois après son retour du grand pèlerinage, le Prophète fut terrassé par la fièvre. Plusieurs jours durant, il lutta contre la maladie et alla, comme à son habitude, à la mosquée pour guider la prière. Toutefois, il fut peu à peu forcé d'abandonner et se retira chez Aïcha. Elle s'occupa de lui avec beaucoup de tendresse durant sa maladie. Il chargea Abu Bakr de diriger la prière en son absence.

La cour de la mosquée était maintenant calme et silencieuse, les gens entraient uniquement pendant les heures de prière ou lorsqu'ils venaient, avec inquiétude, demander comment se portait le Prophète. Mahomet souffrait énormément, il avait mal et se sentait faible ; il fut atteint d'une forte fièvre durant plusieurs jours. Un jour, il appela Aïcha à ses côtés et lui demanda de ramener quelques pièces d'or dont il lui avait demandé de s'occuper. Il ordonna que l'argent soit distribué entre les pauvres. « Ce ne serait pas digne de moi », dit-il, « de me présenter devant mon Dieu avec cet argent en ma possession. »

Après quelques jours, la fièvre se calma et Mahomet avait l'air de mieux se sentir. Ayant entendu parler de sa maladie, de nombreuses personnes vinrent de loin pour demander après lui. Durant les heures de prière, la mosquée était souvent pleine de croyants. Un jour, alors qu'Abu Bakr guidait la prière de la mi-journée, le rideau d'Aïcha fut doucement tiré et le Prophète pénétra dans la mosquée. Tous ceux qui le virent remarquèrent la paix qui émanait de lui ainsi que son sourire radieux. Peut-être que, contemplant l'assemblée de croyants honnêtes et dévoués, il sentit que son œuvre était accomplie et qu'il pouvait dorénavant se reposer. S'appuyant sur le bras de son cousin, l'un des fils d'Abbas, Mahomet marcha lentement jusqu'à Abu Bakr et s'assit par terre, à ses côtés. Lorsque la prière se termina, le Prophète discuta avec plusieurs de ses amis qui étaient heureux de le revoir en bien meilleure santé, comme ils le pensaient. Assit dans la cour de la mosquée, il dit quelques mots à son peuple mais cet effort physique était bien trop lourd pour lui et c'est épuisé qu'il retourna chez Aïcha. Tendrement, Aïcha supporta la tête tombante de son époux et massa ses mains froides tout en récitant une prière qu'elle l'avait entendu prononcer au chevet des malades. « Chasse le mal et le malheur, Ô toi le Seigneur des hommes ! Donne-nous un remède car tu es le meilleur médecin. » Ce fut seulement deux heures après son retour de la mosquée que Mahomet rendit son dernier souffle, dans la paix.

Une légende raconte que Gabriel, descendant sur terre pour la dernière fois, rendit visite au Prophète mourant. Il était accompagné d'un autre ange, l'ange de la mort, qui se présenta sans avoir été invité. Lorsque Mahomet l'y autorisa, l'ange de la mort entra dans la maison et, se tenant devant le Prophète, lui demanda s'il devait prendre son âme ou la laisser. Jamais aucun homme mortel ne s'était vu proposer un tel choix. « Fais comme il t'a été ordonné », dit Mahomet, faisant ainsi savoir qu'il était prêt à rencontrer son Dieu. Puis Gabriel donna sa dernière bénédiction, « Que la paix soit sur toi, Ô messager de Dieu », alors que l'âme de Mahomet quittait son corps.

À l'annonce de la mort du Prophète, le peuple fut consterné et ne savait que faire. Ils lui avaient parlé ou l'avaient vu que peu de temps auparavant, ainsi de nombreuses personnes refusaient ainsi d'y croire. Certains avaient l'air de penser qu'il ne mourrait jamais. La nouvelle fut un choc terrible. Omar, submergé par le chagrin, refusait de faire face à l'horrible vérité. « Il n'est pas mort », criait-il, « il s'est juste évanoui et il reviendra parmi nous — il s'en est allé vers son Seigneur, comme Moïse lorsqu'il est parti pendant quarante jours. » Tirant son épée, Omar s'adressait avec frénésie et agitation aux gens dans la mosquée, menaçant quiconque de dire que le Prophète était mort.

Tout à coup, une voix stricte ordonna le silence et Abu Bakr s'adressa calmement à la foule avec des mots raisonnables. Mahomet leur avait toujours dit, déclara-t-il, qu'il n'était qu'un homme comme eux et qu'il mourrait comme tout le monde. « S'il venait à mourir, renierez-vous votre foi », dit Abu Bakr, citant les mots du Coran. « Vous adorez Mahomet ! Alors sachez qu'il est mort, en effet, mais le Dieu de Mahomet vit et ne meurt jamais ! »

dp
DISCOVERY
PUBLISHER

www.ingramcontent.com/pod-product-compliance
Lightning Source LLC
LaVergne TN
LVHW091341110826
845155LV00043B/2

* 9 7 8 9 8 8 1 7 6 2 4 8 1 *